Als Gottes Ebenbild

ist Glücklich sein in dir.

Eliana Ziebarth

Glücklich,
wie im Himmel

Bibliografische Information der Deutschen Nationalbibliothek:
Die Deutsche Nationalbibliothek verzeichnet diese Publikation in der Deutschen
Nationalbibliografie; detaillierte bibliografische Daten sind im Internet über
http://dnb.dnb.de abrufbar.

Layout und grafische Gestaltung: Eliana Ziebarth

Lektorat: Dr. Sanita Schröer

Coverdesign, Herstellung und Verlag: BoD – Books on Demand, Norderstedt

ISBN: 978-3-7534-6363-6

In Liebe und Dankbarkeit
gewidmet meinem Lehrer Shalim

Dies ist die Geschichte eines Mannes,
die an irgendeinem Tag und an irgendeinem Ort passiert.
Dabei ist ebenfalls das wann und wo
nicht wirklich wichtig,
so wie die Zeit im eigentlichen Sinne nicht wichtig ist.
Denn gibt es die Zeit überhaupt?
Alles im Universum existiert im gegenwärtigen Moment,
im Hier und Jetzt,
so wie die Geschichte dieses Mannes.

Schlaftrunken wirft der Mann einen Blick auf das Ziffernblatt seines Weckers. Gedanken und Bilder ziehen durch seinen Kopf und er fragt sich kurz, ob er träumt. Er blinzelt, doch es ist zu hell, um die Augen zu öffnen. Er nimmt ein Licht wahr, das so voller Glanz und Liebe ist, ihn umhüllt und ummantelt wie ein warmer Sonnenschein an einem wunderschönen Frühlingstag. Der Mann ist nicht in der Lage, zu denken. Es ist ein Zustand, den er noch nie so erlebt hat. Er fühlt sich wohl und irgendwie ist es ihm auf eine seltsame Weise auch vertraut. Noch einen Moment genießt er diesen Zustand zwischen hier und irgendwo und schläft, ohne weiter darüber nachzudenken, wieder ein.

Das Erlebte in der Nacht beschäftigt den Mann noch den ganzen folgenden Tag. „Ich bin sicher, das Klingeln des Weckers im Schlaf gehört zu haben, obwohl der Wecker anscheinend gar nicht geklingelt hat!", denkt der Mann. „Und dann noch dieses Licht", fügt der Mann hinzu und versucht, eine Erklärung für das Erlebnis der vergangenen Nacht zu finden. „Vielleicht habe ich alles nur geträumt? Oder fange ich schon an, mir Dinge einzubilden?", und er lehnt sich, müde von seinem Arbeitstag, in seinem Bürostuhl zurück. „Irgendwie besonders war dieses Erlebnis schon", denkt er. „Ich habe mich wohl gefühlt und verspürte nicht das Unbehagen wie sonst, wenn ich von meinen unruhigen Träumen erwache. Ich konnte danach einfach friedlich weiterschlafen", und er ist verwundert über diese Begebenheit.

In der darauffolgenden Nacht überkommt ihn wieder das gleiche Gefühl, als irgendetwas ihn erneut erwachen lässt. Da ist wieder dieses strahlende Licht, das ihn nun vollständig ausfüllt.

„Ich habe es nicht geträumt oder mir eingebildet, es ist wirklich geschehen und heute geschieht es wieder", denkt der Mann und seine Aufmerksamkeit ist geschärft. Er atmet ruhig und spürt instinktiv, dass er keine Angst zu haben braucht und einfach nur geschehen lassen kann. Sein hellwacher Geist ist ruhig und aufmerksam zugleich. Er hört sich selbst atmen. Sein Atem ist leicht und gleichmäßig. „Noch nie zuvor habe ich meinen Atem gehört. Wieso nehme ich auf einmal Dinge war, die mir nie zuvor aufgefallen sind?"

In der Aufmerksamkeit zu seinem Atem vernimmt er plötzlich, scheinbar aus dem Nichts kommend, eine Stimme in sich. Ist es eine Stimme? Nein es ist keine Stimme, eigentlich sind es Worte, die wie von selbst in seinem Kopf entstehen und nun mit ihm über seine eigenen Gedanken zu kommunizieren beginnen. Und er hört: „Lieber Mensch, ich bin gekommen, um mein Versprechen einzulösen."

„Ein Verspechen einlösen?", denkt der Mann aufgeregt, als er sich bewusst wird, dass er sich im Dialog mit etwas befindet, das physisch gar nicht anwesend zu sein scheint.

„Ja, ich habe dir vor langer Zeit das Versprechen gegeben, dass ich kommen werde, um dich zu erinnern, wer du in Wahrheit bist, und was du dir für dein Leben wirklich vorgenommen hast. Wenn du bereit bist, mir zuzuhören, dann wird eine neue Zeit für dich beginnen. Eine wunderbare Zeit, die schon lange auf dich wartet, und bist du jetzt bereit, mir zuzuhören?"

Der Mann kann weder denken noch sprechen, und ein Gefühl des Wohlbehagens taucht wieder in ihm auf. „Wer bist du?", antwortet er vorsichtig in Gedanken. „Du weißt wer ich bin, wir kennen uns schon sehr lange.", dringen wieder Worte in der Sprache des Lichts in sein Bewusstsein. „Ich bin gekommen, um dich so lange zu führen auf deinem Weg, so lange du dein Bewusstsein für deinen Plan und deine wahre Herkunft verloren hast." „Ja? Ich kann mich nicht erinnern", antwortet der Mann in Gedanken und sein Herz schlägt lautstark in seiner Brust. „Du wirst dich erinnern, wenn du bereit bist, mir zuzuhören!", empfängt er weitere Worte. „Und bist du bereit?", fragt die Stimme. „Ja, ich bin bereit", antwortet er zögerlich und versucht, sich gleichzeitig zu beruhigen.

„Ich stelle dir eine Frage: So wie du gerade lebst, ist das so, wie du wirklich leben willst? Was willst du leben oder sein?", fährt sein Gesprächspartner in seinem Kopf fort.

Was willst du leben oder sein?

Die Worte haben einen besonderen Klang und hallen wie ein Echo in seinem gesamten Körper. „Was willst du leben oder sein?", fragen ihn die Worte.

Er horcht weiter in sich hinein und vernimmt zwei Arten von Gedanken in seinem Kopf. Einerseits hört er seine eigenen Gedanken und andererseits ist da ein Energiefluss, aus dem wie von selbst Worte entstehen. Seine Aufmerksamkeit ist geschärft, um nichts zu versäumen oder falsch zu verstehen. Das warme Licht ist weiter in ihm und um ihn herum. Er versucht nachzudenken: „Was will ich leben oder sein?"

Sein bisheriges Leben fliegt wie eine kurze Zusammenfassung rasend schnell an ihm vorbei. Er erlebt sich in seinem Alltag, in Situationen, die ihn lähmen. Er erlebt Gefühle der Überforderung und Unzulänglichkeit, seine Versagensängste, den Leistungsdruck und die Existenzangst, die ihn oft plagen.

„Ich will etwas anderes in meinem Leben erleben. Das weiß ich schon länger", denkt der Mann und in seinem Inneren breitet sich Hoffnungslosigkeit aus. „Eigentlich trifft die Frage genau meinen wunden Punkt. Ich will frei sein und ganz bei mir sein". Und er verspürt eine unbestimmte Sehnsucht oder ein Suchen nach etwas, ohne sagen zu können, wonach er eigentlich sucht.

Aus seiner Ahnung, sich im Dialog mit etwas zu befinden, das physisch gar nicht anwesend und dennoch sehr präsent ist, entsteht in ihm Gewahrsein.

Von dieser Art der Begegnung erinnert er sich in diesem Moment schon gehört zu haben. So soll es Menschen geben, die im Anschluss einer solchen Begegnung überzeugt davon waren, dass ihnen ein Engel erschienen sei. Obwohl er Berichten solcher Art bislang kritisch gegenüber stand, passiert ihm genau das gerade offensichtlich auch.

„Mein Gott, es ist tatsächlich ein Engel, es muss ein Engel sein. Aber so habe ich mir keinen Engel vorgestellt!", denkt der Mann aufgeregt. „Er ist ganz anders und der Engel stellt mir eine ganz konkrete Frage, die mich sehr verunsichert. Der Engel ist so direkt, ohne Umschweife, ganz konkret, klar und völlig realistisch. Woher weiß er, wie es mir geht, und wieso stellt er mir genau jetzt diese Frage, die mich täglich beschäftigt?"

Während der Mann versucht, zu verstehen, was gerade mit ihm geschieht, erinnert die Stimme ihn wieder daran, dass er ihr noch eine Antwort schuldig ist. „Was willst du nun leben oder sein?", dringen erneut die Worte in seinen Kopf. „Ich weiß, dass ich etwas anderes leben oder sein möchte, aber ich habe keine Idee dazu. Das ist ja mein Problem. Ich weiß nicht, was ich wirklich will."

Der Engel spricht weiter: „Dann erschaffe dir ein Bild von dem, was du leben oder sein willst. Niemand anderes als du selbst kann das für dich tun. Du musst in dich hineinspüren und fühlen, was du wirklich willst. Und wenn du es herausgefunden hast, was du wirklich willst, glaube fest daran, dass es Wirklichkeit wird."

„... und glaube fest daran, dass es Wirklichkeit wird", hallen noch die Worte im Kopf des Mannes wieder. „Bist du bereit dazu?", fragt der Engel aufmunternd. „Ja ich bin bereit", sagt der Mann wie selbstverständlich und wundert sich im selben Moment, wie er ganz einfach: „Ja, ich bin bereit", antworten kann.

„So sei es", spricht der Engel und entschwindet im blauen Licht.

„Wie meinst du das?", ruft der Mann ins Leere. „Ich habe noch so viele Fragen!" Er horcht nach innen, doch der Engel bleibt verschwunden. Seine Gedanken überschlagen sich und er versucht zu verstehen, was er gerade erlebt hat.

In seinem Kopf spult er noch einmal, wie in einem Film, die erlebte Situation ab und ihm kommen wieder die Sätze des Engels in den Sinn: „Was willst du leben oder sein? Erschaffe dir ein Bild von dem, was du leben oder sein willst, und glaube daran, dass es Wirklichkeit wird."

Der Mann kann sich nicht erinnern, wann er sein Herz das letzte Mal so deutlich gespürt hat. „Habe ich es überhaupt jemals so gefühlt?", fragt er sich selbst, schließt die Augen und atmet tief durch.

„Ein Engel hat mich besucht und mir eine einfache Frage gestellt. Er hat mich gefragt, was ich wirklich will und ich war nicht in der Lage, ihm zu sagen, was ich will". Seine Gedanken überschlagen sich, während sein Herz, wie nach einem Marathonlauf, lautstark in seiner Brust klopft. „Ein Engel will sein Versprechen einlösen und mich an das erinnern, was ich mir für mein Leben vorgenommen habe. Aber an was will er mich erinnern?", überlegt der Mann.

Irgendwann fällt sein Blick auf die Uhr. Es ist schon hell geworden und er muss viele Stunden einfach nur mit hellwachem Geist dagelegen haben. Er friert und zieht seine Decke weit über sich. Sein Inneres meldet sich, wie schon so oft in der letzten Zeit. „Ich kann nicht, ich will nicht aufstehen. Ich will einfach nur daliegen und über mein Leben nachdenken. Oh Gott, was geschieht mit mir? Warum stellt der Engel mir so eine Frage? Woher weiß er eigentlich wie es mir geht?"

Die Lichterfahrung mit dem Engel beschäftigt den Mann von nun an immerfort. „Was will ich leben oder sein? Genau das ist ja der Punkt, wenn ich das nur wüsste. Wieso weiß der Engel, was mich tagtäglich beschäftigt?", denkt der Mann intensiv nach.

Eine Ahnung breitet sich in seinem Inneren aus. „Der Engel sagt, dass wir uns kennen. Also weiß er mehr über mich, als ich vielleicht über mich selbst weiß!"

Der Mann fühlt eine neue Qualität in seinem Leben erwachen. Eine Qualität, die er bislang nicht kannte. Manchmal kommen ihm zweifelnde Gedanken: „Alles ist so unwirklich, nicht greifbar. Vielleicht habe ich doch alles nur geträumt?"

Tage später taucht der Engel unvermittelt in der Nacht wieder auf und hüllt den Mann in ein Licht, dass ihn liebt und schützt. Wiederum tritt der Engel mit dem Mann in Kontakt und beginnt mit ihm, über seine Gedanken zu kommunizieren.

„Lieber Mensch, weißt du nun, was du leben oder sein willst?", schwingt es in dem Mann, und er kann es kaum glauben. „Es muss ein Engel sein, es gibt ihn wirklich. Es ist wahr, er ist wiedergekommen", denkt der Mann in heller Aufregung und sein Herz hüpft dabei vor Freude. Aus seiner Ahnung ist zunächst Gewahrsein entstanden und nun hat sich tatsächlich Gewissheit in ihm eingestellt. „Wer bist du?", sprudelt es aus ihm heraus. „Bist du ein Engel?" „Ja", vernimmt er wieder die liebevolle Stimme seines himmlischen Gesprächspartners. „Ich bin dein Schutzengel".

Aus Ahnung wird Gewahrsein,
aus Gewahrsein wird Gewissheit,
aus Gewissheit wird Wahrheit.

„Mein Schutzengel, es gibt ihn tatsächlich, es ist wirklich wahr", freut sich der Mann. „Ich weiß jetzt, was ich leben oder sein will", fließen Worte aus seinem Herzen kommend aus ihm heraus: „glücklich sein".

Daraufhin wiederholt der Engel den Mann mit freundlicher Stimme: „Du willst also glücklich sein?" „Ja", antwortet der Mann, diesmal entschlossener und erstaunt darüber, welche Antwort er dem Engel auf einmal so einfach geben kann. „Dann sag, was du sein willst", spricht der Engel aufmunternd. Sag: „Ich will glücklich sein."

Der Mann wiederholt berührt, wie in einem feierlichen Akt, die Worte des Engels: „Ich will glücklich sein". Und während er es spricht, wird ihm plötzlich klar, dass er zum ersten Mal in seinem Leben offen ausspricht, was er von Herzen gerne sein möchte. Und plötzlich versteht er auch den Hinweis des Engels: „Erschaffe dir ein Bild von dem, was du leben oder sein möchtest und glaube daran, dass es Wirklichkeit wird".

„Jetzt weiß ich, was ich wirklich will. Ich will einfach nur glücklich sein". Der Mann atmet tief durch und ist beglückt darüber, endlich zu wissen, was er von Herzen gerne sein möchte und ahnt zugleich, dass dies keine leichte Aufgabe ist.

Glücklich sein ist keine Glücksache,
es ist das Ergebnis einer bewussten Entscheidung.

Da erscheint Erzengel Michael aus dem himmlischen Chor der Erzengel und spricht: „Du musst dir genau vorstellen und es fühlen, wie es ist, glücklich zu sein. Begebe dich genau in dieses Bild hinein, bewahre es in deinem Herzen, wie einen kostbaren Schatz, und dann glaube fest daran, dass es Wirklichkeit wird". „Du meinst es reicht aus, nur daran zu glauben, dass ich glücklich werde? Wenn das so leicht wäre, würden das doch alle machen?", fragt der Mann vorsichtig.

„Deine Macht ist dein Glaube. Glaube an die Macht der Liebe".

„So sei es". Mit diesen Worten entschwinden Erzengel Michael im blauen Licht der göttlichen Strahlen.

Erzengel Michael

Glauben.

**Deine Macht ist dein Glaube.
Glaube an die Macht der Liebe.**

„Deine Macht ist dein Glaube. Glaube an die Macht der Liebe. Lerne an das für dich scheinbar Unmögliche zu glauben und überschreite die Grenzen deines Vorstellungsvermögens", dringen noch von weit her die Worte von Erzengel Michael in sein Bewusstsein und bringen in ihm alles zum Schwingen, so als würden die Worte tanzen. Dann ist es still im Raum. Der Mann lauscht in die Stille. Er sieht nichts und er hört nichts und doch strahlt etwas in die Stille, fein und zart. Alle seine Sinne sind geschärft und er glaubt für einen kurzen Moment, die Stille zu hören.

„Dieser Moment ist so besonders, wie nicht von dieser Welt. Ich kann ihn nicht mit Worten beschreiben. So unwirklich, aber dennoch ist es wahr. Mein Gott, was geschieht gerade mit mir?", spricht der Mann mit leiser Stimme. Er entzündet eine Kerze, deren Lichtschein den ganzen Raum in einen Ort des Friedens verwandelt. Er blickt in die Flamme der Kerze, die ihr warmes Licht verströmt und sich selbst offenbart als ein Wesen des Lichts. Er schließt die Augen und denkt an nichts mehr, was seine Seele traurig macht und er spürt, wie seine Gedanken immer leiser werden. Der Mann gibt sich der Stille in seinem Inneren hin und fällt schließlich, eingehüllt in blaues Licht, in einen tiefen Schlaf.

Das Erlebnis der vergangenen Nacht schwingt noch lange in dem Mann nach: „Alles, was ich gerade erlebe, ist so unfassbar, und dennoch ist es Wirklichkeit. Ich habe es mir nicht eingebildet. Es gibt tatsächlich Engel. Und plötzlich ist ein Engel einfach so in mein Leben getreten und nichts ist mehr so wie früher".

Freude breitet sich in ihm aus. In diesem Moment fühlt er sich glücklich, und er wünscht sich insgeheim, dass dieser Moment niemals endet. „Aber er wird enden, das weiß ich gewiss, weil ich später wieder in meinen Alltag zurückkehren muss, der mir keine Luft zum Atmen lässt", denkt der Mann resignierend. „Je mehr ich jetzt darüber nachdenke, desto mehr stelle ich fest, dass ich tatsächlich unglücklich bin und mir wirklich von Herzen wünsche, glücklich zu sein!"

Viele Stunden später sinnt der Mann noch darüber nach, welche Antwort er dem Engel gegeben hat: „Ich will glücklich sein". „Noch nie hat mich jemand gefragt, ob ich glücklich bin! Niemand spricht darüber, ob er wirklich glücklich ist. Es ist ein Satz, den keiner sich getraut, offen auszusprechen: „Ich bin glücklich." Es gab Momente in meinem Leben, in denen ich mich glücklich gefühlt habe, aber kurze Zeit später habe ich nicht mehr darüber nachgedacht, ob ich noch glücklich bin. Niemand hat mir gesagt, dass es wichtig ist, danach zu trachten und dafür zu sorgen, dass ich immer glücklich bin!"

Der ungewöhnliche Besuch des Engels beschäftigt den Mann von nun an täglich. „Wieso besucht ein Engel ausgerechnet mich?", kreisen immer wieder die gleichen Gedanken in seinem Kopf. „Was ist los mit mir?", denkt er. „Ich habe doch nur gesagt: ich will glücklich sein."

In der darauffolgenden Zeit breitet sich zunehmend Unbehagen in ihm aus. Gedanken und Gefühle des Zweifels ereilen den Mann, und er geht in einen intensiven Dialog mit sich selbst. „Ein Engel hat über meine Gedanken zu mir gesprochen. Was für ein Quatsch. Das war Wunschdenken oder so etwas. Was heißt das schon: glücklich sein? Mir geht es doch gut, so ein Unsinn, was ich da geredet habe. Wozu? Außerdem habe ich alles, was ich brauche. Eigentlich bin ich doch schon längst glücklich!"

In stillen Momenten wünscht sich der Mann jedoch insgeheim, dass doch alles wahr ist und der Engel nochmal erscheint. Er möchte sich so fühlen, wie in der letzten Begegnung mit dem Engel. Es war ein wunderbarer Moment, denkt er oft wehmütig. In ihm brennen noch so viele Fragen.

In der Nacht meldet sich der Engel wieder bei dem Mann und stellt ihm die Frage, die er insgeheim schon befürchtet hat. „Du hast gesagt, du willst glücklich sein, und bist du es nun?", spricht der Engel mit liebevoller Stimme. Der Mann antwortet traurig: „Nein, bevor du zu mir gekommen bist, habe ich mir keine Gedanken darüber gemacht, ob ich glücklich bin. Doch seit ich gesagt habe: ich will glücklich sein, weiß ich, dass ich nicht glücklich bin, und das macht mich traurig. Ich glaube, wenn ich wirklich glücklich sein will, muss ich einiges in meinem Leben ändern", spricht der Mann und Hoffnungslosigkeit schwingt in seiner Stimme.

„Du sagst, dass du glaubst, etwas ändern zu müssen, damit du glücklich bist. Und bist du bereit, etwas zu ändern?", fragt der Engel wieder. Der Mann antwortet nachdenklich: „Ich weiß, dass es notwendig wäre, etwas in meinem Leben zu ändern, aber so einfach ist das nicht. Du tauchst plötzlich auf und nichts ist mehr so wie früher. Kann ich dir vertrauen, dass ich auf dem richtigen Weg bin? Ich kenne niemanden, der wirklich glücklich ist. Die meisten meinen, dass sie glücklich sind, aber kaum einer ist es. Jeder macht sich selbst und den anderen etwas vor". Er spürt wieder sein Herz in der gleichen Intensität klopfen, wie bei der ersten Begegnung mit dem Engel.

„Du kannst dich entscheiden und mir vertrauen oder es lassen", spricht der Engel und Gleichmut schwingt in seiner Stimme.

„Aber wenn du dich dagegen entscheidest, wirst du niemals erfahren, wie es gekommen wäre, wenn du mir vertraut hättest", ergänzt der Engel.

Der Gedanke, eine Chance in seinem Leben verpasst zu haben, löst Unbehagen in dem Mann aus. „Oh Gott, das würde ich mir nie verzeihen", denkt er insgeheim. „Was mache ich nur?" Er spürt wieder diesen inneren Kampf in sich aufkommen, wie schon so oft in seinem Leben. Die eine Stimme in ihm spricht: „Vertraue einfach", und die andere sagt: „Alles Quatsch, lass es sein, es ist nur Zeit- und Energieverschwendung. Am Ende wirst du nur enttäuscht sein, wie schon so oft in deinem Leben".

„Und willst du vertrauen?", fragt der Engel verstehend und hüllt den Mann in ein liebevolles Licht aus sanftem Blau. Der Mann denkt an die verpasste Chance und dass er, nachdem der Engel ihm erschienen ist, auch niemals mehr glücklich sein kann, wenn er einfach so weitermacht wie bisher. Er atmet tief durch und nickt mit einem tiefen Seufzer.

Der Engel spricht wieder: „Vertrauen basiert auf Wahrheit und Glauben. Die Stunde, in der du das erste Mal geglaubt hast, dass es mich wirklich gibt, ist der Moment, in der dein Glaube und dein Vertrauen geboren wurden. Um auf deinem Weg fortzuschreiten, brauchst du ein starkes und tiefes Vertrauen zu Gott, zu uns Engeln und besonders zu dir selbst".

„Ich fühle aber, dass mein Vertrauen noch wackelig ist", antwortet der Mann unsicher. „Ja, das verstehe ich", spricht der Engel. „Vertrauen wächst langsam. Du kannst dein Vertrauen stärken, indem du lernst, deinem Atem zu vertrauen. Atme bewusst Selbstvertrauen in dein Herz ein und atme Gottvertrauen aus und gebe dich vertrauensvoll der Quelle deines Atems hin".

Der Mann folgt der ungewöhnlichen Empfehlung des Engels und atmet mit jedem Atemzug in Gedanken bewusst Selbstvertrauen in sein Herz ein und Gottvertrauen aus. Ein warmes Gefühl breitet sich in seiner Herzgegend aus, das er bislang nicht kannte. Nie hat er sich Gedanken über seinen Atem gemacht. Sein Atem ist wie selbstverständlich einfach da. Auf einmal ahnt er, dass atmen viel mehr ist, als einfach nur Luft holen. Blaues Licht umhüllt und ummantelt ihn. Er fühlt sich beschützt und getragen und kann sich endlich entspannen. „Versuche das Geheimnis deines Atems zu ergründen, und du wirst das Geheimnis deines Lebens verstehen."

„So sei es", spricht der Engel. Selbstvertrauen ist gleich Gottvertrauen und entschwindet in einem Hauch Gottes.

Selbstvertrauen ist gleich Gottvertrauen.

Wieder schwingt das Erlebnis mit dem Engel in dem Mann lange nach. Ihm kommt der Satz des Engels wieder in den Sinn: „Versuche das Geheimnis deines Atems zu ergründen, und du wirst das Geheimnis deines Lebens verstehen."

„Das Geheimnis meines Atems ergründen? Was bedeutet das alles?" Der Mann konzentriert sich wieder auf seinen Atem, der kommt und geht. Er atmet bewusst Selbstvertrauen in sein Herz ein und Gottvertrauen aus und fällt in einen tiefen erholsamen Schlaf, in dem sein Herzschlag mit seinem Atem im gleichen Rhythmus harmonisch miteinander schwingt.

In der folgenden Zeit erwacht in dem Mann ein neues Gefühl. Es ist das Gefühl, von einer höheren Macht beschützt und getragen zu sein. Und er beginnt, diesem neuen Gefühl zu vertrauen. Er wird sich bewusst, wie sehr er sich schon verändert hat. Oft hält er inne und atmet bewusst in sein Herz. Sodann ist das warme Gefühl in seiner Herzgegend wieder gegenwärtig. Er folgt seinem Atem, der selbstverständlich kommt und geht.

Das Atmen geschieht einfach, unmerklich, wie ein kleines Wunder. Der Hauch seines Atems ist für den Mann ein stiller Begleiter geworden. Sein Vertrauen wächst, denn er fühlt in seinem Herzen, dass sein neuer Weg und die himmlische Begleitung eins sind.

In den darauffolgenden Wochen fühlt er einerseits immer deutlicher, dass er etwas ändern muss und andererseits wachsen seine Zweifel erneut. „Der Engel erzählt schöne Geschichten, die mit der Realität nichts zu tun haben. Ich kann nicht so einfach etwas verändern. Alles hat Folgen für mich. Die Folgen können weitreichend sein und meinen Ruf und meine Existenz gefährden!" Er dreht sich mit seinen Gedanken im Kreis. „Was soll ich verändern und wie? Ich kann mir nicht vorstellen, dass es funktioniert!"

Und wieder steht eines Tages der Engel in der Nacht vor dem Mann und spricht zu ihm: „Lieber Mensch, du hast gesagt, dass du vertrauen willst, und vertraust du?" „Ja", antwortet der Mann: „ich vertraue, weil ich weiß und spüre, dass dein Erscheinen eine Bedeutung für mich hat. Ich bin auch bereit, etwas zu verändern. Ich glaube jedoch, wir beide sprechen von zwei verschiedenen Welten. Meine Welt ist mein Alltag, den ich jeden Tag aufs Neue meistern muss und der mich viel Kraft kostet. Deine Welt klingt zwar wunderschön, aber sie ist für mich in meinem Alltag nicht umsetzbar. Ich weiß, dass ich etwas verändern müsste, aber ich glaube, dass ich nicht den Mut dazu habe. Mein gesamtes Leben wäre davon betroffen". Seine Gedanken überschlagen sich und er fragt sich wieder, welche Absicht der Engel durch sein Erscheinen verfolgt.

Der Engel spricht ruhig weiter: „Du glaubst also, nicht den Mut zu besitzen, etwas zu ändern, damit du glücklich bist"? Der Mann nickt zustimmend. „Willst du nun glücklich sein oder nicht?", fragt ihn der Engel auffordernd.

„Doch schon, ja eigentlich will ich das", spricht der Mann zögerlich. Und der Engel fährt fort: „Manchmal muss man etwas wagen, damit sich etwas ändern kann. Und bist du bereit, mutig zu sein, um etwas in deinem Leben zu ändern?", fragt der Engel, den freien Willen des Mannes achtend.

Der Mann nickt zögerlich, nachdem er einige Zeit überlegt hat, ob er tatsächlich mutig sein will, um etwas zu ändern. Er erinnert sich an seinen Atem, seinen stillen Begleiter und atmet tief in sein Herz ein. Und in Gedanken atmet er Selbstvertrauen ein und Gottvertrauen aus. Mit einem Gefühl, wieder aus seinem Herzen kommend, spricht er: „Ja, ich will mutig sein", und der Mann spürt die Kraft seiner Worte.

„Wenn du wirklich etwas ändern willst, dann stelle dich den herausfordernden Situationen in deinem Leben und weiche ihnen nicht länger aus. Lerne Herausforderungen als Aufgabe zu betrachten, die du bewältigen kannst", empfängt er wieder die Worte des Engels. „Was meinst du damit?", fragt der Mann unsicher.

„Alles, was wichtig für dich ist und du zu klären hast, wird sich dir zeigen. Du wirst zu gegebener Zeit wissen, was ich meine. Jede Herausforderung, der du dich stellst, wird dich wachsen und reifen lassen".

„So sei es", spricht der Engel und entschwindet in die andere Realität.

Später fragt sich der Mann, wie er den Mut aufgebracht hat, zu sagen, dass er mutig sein will. Sein Mund spricht auf einmal Worte aus, die er nicht aus seinem alltäglichen Wortschatz kennt, wie: „Ich will glücklich sein, ich will vertrauen, und ich will mutig sein". Der Mann spürt zwei Kräfte in sich. Die eine, die alles verstehen will und die andere, die glücklich sein will. Mit diesen Gedanken fällt er erneut in einen unruhigen Schlaf.

In der Nacht träumt er von einem mächtigen Löwen, der durch sein Zimmer streift und der Mann spürt seine Furcht vor ihm. Für einen kurzen Augenblick treffen sich ihre Blicke, die ihm auf seltsame Weise vertraut sind. Kurz vergisst er darüber seine Furcht vor diesem mächtigen Wesen. Die Augen des Löwen sind strahlende Augen aus einer anderen Welt, die er nicht versteht und die bis in die Tiefe seiner Seele blicken.

Der Traum beeindruckt den Mann noch tagelang. Er war so echt. Der Mann kann sich noch an alle Einzelheiten erinnern, als wäre der Löwe wirklich in seinem Zimmer umhergestreift. Immer wieder drängt sich ihm die Frage auf, warum er Angst vor dem Löwen verspürt hat, obwohl ihm dieser offenbar gar nicht schaden wollte?

„Ich fühle neuerdings eine Wut im Bauch und ich würde am liebsten alles hinschmeißen", spricht der Mann später zu sich selbst, als ihm wieder einmal bewusst wird, wie unzufrieden er mit seiner derzeitigen Lebenssituation ist. „Ich würde am liebsten meine Sachen packen, weg gehen und einfach nochmal neu anfangen! Aber wie oft habe ich das schon gedacht und dann doch nichts geändert. Ich bin einfach zu feige und könnte mich dafür verachten!" Noch Tage später verspürt der Mann ein Unbehagen. Er weiß nun, dass es mit seiner Feigheit zu tun hat, wirklich etwas in seinem Leben zu verändern.

In den folgenden Wochen denkt der Mann noch oft darüber nach, ob er bereit ist, wirklich etwas zu ändern, um glücklich zu sein. Einerseits spürt er Widerstände, etwas zu verändern und gleichzeitig ist er neugierig auf etwas, dass sich für ihn wie ein Abenteuer anfühlt, das beginnt, ihn zu faszinieren.

Bislang ist er es gewohnt, sein Leben unter Kontrolle zu haben. Doch je mehr er nun darüber nachdenkt, desto mehr hat er das Gefühl, nicht er selbst lenkt sein Leben, sondern eine Art höhere Macht. Sein Gefühl mahnt ihn nun täglich, eine Entscheidung zu treffen, in welche Richtung er nun gehen will. „Wofür entscheide ich mich nun? Entscheide ich mich für einen neuen Weg, um vielleicht irgendwann glücklich zu sein oder lasse ich alles beim Alten? Wieso fällt es mir so schwer, eine Entscheidung zu treffen?", denkt der Mann immer häufiger.

Aus den Tiefen seiner Erinnerung taucht ein Gedanke auf, der ihn mahnt, keinen Fehler zu machen, und er verspürt die Angst, eine falsche Entscheidung zu treffen. Doch in seinem Herzen ahnt er, dass noch so viel Wunderbares in seinem Leben auf ihn wartet, das ihn glücklich macht. Entschlossen wiederholt er die Worte: „Ich will mutig sein", und er spürt, wie sein Mut und seine Kraft zu ihm zurückkehren. Er fühlt sich bereit, diesen Weg, den er nun eingeschlagen hat, zu gehen, um glücklich zu sein.

Er erinnert sich an die Begegnung mit dem Löwen in seinem Traum und er fühlt wieder die gleiche Berührung in seinem Herzen, so kraftvoll und präsent. Bilder steigen in ihm hoch. Er sieht ein Bild von sich selbst als einen einfachen und glücklichen Wanderer durch die Zeit, frei und unbeschwert.

„Oh wie sehne ich mich danach, ein einfacher, glücklicher und freier Mann zu sein", denkt der Mann sehnsuchtsvoll. „Ob ich dieser Mensch tatsächlich irgendwann einmal bin?"

„Ich habe von einem Löwen geträumt", erzählt der Mann aufgeregt, als der Engel ihm Tage später wieder erscheint. „Der Traum war so echt. Dieser Löwe fasziniert mich seit dieser Nacht. Ich fühle den Löwen in mir und auch um mich herum", erzählt der Mann dem Engel weiter, berührt von seiner wundersamen Begegnung.

„Es ist geschehen", spricht der Engel. „Der Löwe ist dir im Traum wirklich begegnet, in einer anderen Realität. Es ist eine Realität, die du noch nicht verstehst. Und erkennst du die Bedeutung seines Erscheinens?" Und der Mann antwortet mit einem tiefen Seufzer: „Ich habe mir schon so viele Gedanken darüber gemacht. Vielleicht soll mir der Löwe zu Mut und Entschlossenheit verhelfen, so dass ich es wage und nun die notwendigen Veränderungen in meinem Leben angehe?" „Ja, lieber Mensch. Der Löwe ist auf der Traumebene zu dir gekommen, um dir seine Unterstützung anzubieten. Und bist du bereit, sie anzunehmen?", fragt der Engel liebevoll, den freien Willen des Mannes achtend. „Ja, ich bin bereit", spricht der Mann mutig.

Da erscheint Erzengel Ariel, genannt der Löwe Gottes und flutet den Mann mit seinem goldgelben Licht. Er spürt eine Energie in sich erwachen, die sich gleich einer Feuersbrunst in seinem gesamten Körper ausdehnt. Er spürt eine Hitze, als würde sein gesamter Körper brennen. Auf einmal versteht er, aus welchem Stoff das Feuer ist. Es ist das Feuer der Liebe, das in ihm lodert wie tausend Flammen. Es ist fähig, alles unerbittlich zu verbrennen, was nicht Liebe ist. Vor seinem geistigen Auge erscheint eine Lichtgestalt mit Löwenkopf und strahlenden Augen, gleich so wie die Augen des Löwen in seinem Traum. Sie blicken wieder tief in seine Seele.

Der Mann spürt instinktiv, dass jeder Widerstand gegen die durchdringenden Blicke der Löwengestalt zwecklos ist.

Erzengel Ariel, in der Lichtgestalt mit Löwenkopf kennt ihn und liest die Geschichte seiner Seele, wie in einem offenen Buch. „Du kannst dem heiligen Feuer deine Befürchtungen und Zweifel übergeben. Du kannst auch deine Furcht vor deinem neuen Weg und den notwendigen Veränderungen hineingeben", spricht die Löwengestalt mit liebevoller Stimme weiter zu dem Mann. Der Mann zögert nicht und übergibt gedanklich seine Befürchtungen, Ängste, Sorgen und seine Gefühle der Wut auf sich selbst dem heiligen Feuer, das unerbittlich alles verzehrt, was nicht Liebe ist.

Noch eine Zeit lang genießt der Mann die Begegnung mit dem Löwen Gottes und dem heiligen Feuer zwischen hier und irgendwo, außerhalb von Zeit und Raum. Er atmet tief durch, als sich die Energie des Feuers langsam auflöst und er fühlt, dass etwas von ihm gegangen ist, verbrannt im heiligen Feuer der Liebe.

Der Mann fühlt eine Ruhe und Stille in sich, wie er sie noch nie empfunden hat. Er fühlt nun auch ein Löwenherz in seiner Brust schlagen. Ein Herz, das bereit ist, sich mit Mut und Entschlossenheit den Veränderungen zu stellen, um auf seinem Weg zum Glücklich sein voranzukommen.

„Habe in deinem Leben den Mut, auf dein Herz zu hören. Es erfordert den gesamten Mut eines starken Löwenherzens. *Aus Mut werden Löwenkräfte, aus Entschlossenheit wird Liebe*".

„So sei es", spricht Erzengel Ariel, genannt der Löwe Gottes und entschwindet im Feuer der Liebe.

Erzengel Ariel

Der Löwe Gottes.
Mutig sein.

Aus Mut werden Löwenkräfte,
aus Entschlossenheit wird Liebe.

Nach seinem Erlebnis mit dem Löwen Gottes beginnt sich in dem Mann nun ein neues Bewusstsein zu verankern: „Ich stelle mich den Situationen, von denen ich weiß, dass ich sie klären muss. Ich betrachte Herausforderungen als Aufgabe und schreite auf meinem Weg voran. Ich vertraue, dass ich mit Hilfe der Engel nicht scheitern werde", spricht der Mann entschlossen zu sich selbst und atmet Selbstvertrauen ein und Gottvertrauen aus.

Von nun an brennt ein Feuer in ihm, sein inneres Feuer, dass er lange nicht gefühlt hat und nun neu entfacht ist. Und schon bald spürt er seine Veränderung, die er durch die Begegnung mit Erzengel Ariel erfahren hat. „Meine Gedanken sind nun endlich zur Ruhe gekommen. Ich bin voller Energie und fühle eine Aufbruchsstimmung in mir erwachen. Vielleicht ist es tatsächlich eine Aufbruchsstimmung in eine neue Zeit"!

„Den Himmel, den du suchst, findest du nur in dir selbst. Er ist ein Ort göttlicher Freude", spricht eines Nachts der Engel der Freude zu dem Mann, der gekommen ist aus den Sphären ewiger Glückseligkeit.

„Freude ist eine göttliche Eigenschaft, die auch in dir ist", spricht der Engel der Freude weiter. Das Lichtkleid des Engels sprüht vor göttlicher Freude und flutet den Mann mit einer Lichtschwingung, die seine bisherige Schwere in Leichtigkeit und seine Ernsthaftigkeit in Freude wandelt.

Und der Engel der Freude fährt fort: „Lasse die Freude und die spielerische Leichtigkeit Gottes in dich einziehen, damit du die Freude an deinem Leben wiederfindest", und er entfacht im Herzen des Mannes einen göttlichen Funken der Freude.

„Freude im Herzen wandelt alles in Lieblichkeit. Sie macht dein Herz leicht und verleiht dir Flügel, mit denen du dich zu dem Himmel in dir selbst emporschwingen kannst."

„In Freude sein heißt von Gott sein".

„So sei es", spricht der Engel der Freude und entschwindet in einem Meer von Lichtfunken der Freude.

Ein warmer Strom von Energie durchflutet den Mann. Er spürt eine neue Art von Freude in sich erwachen, eine Herzensfreude, die er bislang nicht kannte. Und dankbar umarmt er sein Leben.

Viele Wochen später bemerkt der Mann an sich selbst: „Ich habe mich verändert. Ich bin nicht mehr der Mensch, der noch vor kurzer Zeit morgens am liebsten nicht aufgestanden wäre, weil Traurigkeit, Sorgen und Befürchtungen mich quälten. Ich bin voller Dankbarkeit und Freude darüber, dass die Engel in mein Leben getreten sind. Ich habe durch die Engel eine neue Qualität in meinem Leben erfahren, von der ich niemals gedacht habe, dass es möglich ist".

Bald schon erscheint der Engel dem Mann erneut. Der Mann ist aufgeregt und erfreut über das Erscheinen des Engels, und es sprudelt aus ihm heraus: „Ich will verstehen was mit mir geschieht. Ich habe so viele Fragen. Du sagtest, du seist gekommen, um mich daran zu erinnern, was ich mir für mein Leben wirklich vorgenommen habe. Was bedeutet das? Was gibt es zwischen Himmel und Erde, was ich nicht verstehe?" „Warte ab, alles, was wichtig für dich ist, kommt zu dir und du wirst zu gegebener Zeit wissen, was ich meine".

„So sei es", spricht der Engel und entschwindet im goldenen Licht.

Es dauert nicht lange und Vretil, der Erzengel des Wissens und Hüter der heiligen Schriften besucht den Mann nachts im Traum und umhüllt ihn mit seinem warmen goldenen Licht. Er gewährt dem Mann einen Blick in die Weisheitsbücher und heiligen Schriften des Himmels, aufgeschrieben für die Ewigkeit. Der Mann liest. Es ist kein Lesen von Wörtern in einer bestimmten Sprache, sondern es ist ein Aufnehmen von Lichtschwingungen, einer Lichtsprache, die dem Mann im Traum vertraut ist.

Plötzlich klappt das Buch im Traum zu und es ist dunkel, als der Mann erwacht. Schlaftrunken versucht er sich zu erinnern, was er im Traum erfahren hat. „Ich will wissen", denkt er noch, aber die Erkenntnisse aus seinem Traum sind weg, er kann sich nicht mehr erinnern. Sein Unterbewusstsein hat sie geschluckt und hält sie verschlossen, wie einen kostbaren Schatz.

„*Wissen ist in dir. Gelebtes Wissen ist Ausdruck deiner Liebe"*. Dein Wissen ist die Summe aller deiner Erfahrungen und geht niemals verloren. Ich bewahre es solange, bis du bereit bist, dich wieder daran zu erinnern", kommen ihm noch die Worte von Erzengel Vretil in den Sinn.

„So sei es", spricht Erzengel Vretil und entschwindet im goldenen Licht.

Erzengel Vretil
Wissend sein.

Wissen ist in dir.
Gelebtes Wissen ist Ausdruck deiner Liebe.

„Ich weiß, dass ich etwas weiß", denkt der Mann und sein Herz schlägt freudig in seiner Brust. „Ich weiß etwas, dass ich immer schon gesucht habe und mir war nie klar, wonach ich eigentlich suche. Ich bin entschlossen, herauszufinden, welche Einblicke ich in ein Wissen haben durfte, das zu mir gehört".

Plötzlich erinnert sich der Mann wieder an den Löwen Gottes und seine Worte: „Habe den Mut, auf dein Herz zu hören". Er spürt in sich hinein und gleichzeitig fühlt er wieder den Funken der Freude in seinem Herzen aufleuchten. Der Funke beginnt, sich auszudehnen und öffnet sein Herz für die Wunder des Lebens. Er unterstützt ihn darin, seine nächsten Schritte in Freude und Leichtigkeit zu gehen.

„Eigentlich bin ich auf der Suche nach mir selbst", wird dem Mann wenig später bewusst. „Wer bin ich und was ist der Sinn meines Lebens? Warum sind die Engel in mein Leben getreten und gibt es einen höheren Grund dafür? Vielleicht hatte ich im Traum einen kurzen Einblick in das Mysterium des Lebens", und sein Herz beginnt wieder intensiv zu klopfen.

Von nun an beschäftigt er sich oft mit den Hierarchien der Engel, mit Lehren und Schriften alter Mystiker und Propheten und mit den hermetischen Gesetzen. Er empfindet es als eine Offenbarung, tiefe Einblicke in ein universelles Wissen zu erhalten, von dem er jetzt durch das Erscheinen der Engel in seinem Leben weiß, dass es auch in ihm ist.

Lernen heißt sich zu erinnern.

Endlich, nach vielen Wochen, erscheint der Engel dem Mann erneut. Der Mann ist erleichtert, so sehr hat er sich nach dem Erscheinen seines Schutzengels gesehnt und spricht sorgenvoll.

„Lieber Engel, ich fühle mich so erschöpft. Die vergangene Zeit war so anstrengend. Ich möchte mich mehr mit Dingen beschäftigen, die mir Kraft und Energie geben".

Und der Mann fährt fort: „Ich hatte einen Traum, in dem ich einen kurzen Einblick in ein Wissen hatte, dass ich mir wieder zugänglich machen und verstehen möchte. Stattdessen lebe ich in zwei Welten und fühle mich zerrissen. Anstatt glücklich zu sein, bin ich unzufrieden mit meiner derzeitigen Lebenssituation. Obwohl ich dir vertraue und mutig geworden bin, weiß ich nicht, was ich noch verändern muss. Jetzt bin ich schon so lange auf dem Weg zum Glücklich sein und fühle mich immer noch unzufrieden. Ich bin ungeduldig und habe mir nicht vorgestellt, dass es so lange dauern wird. Ich habe gedacht, da du zu mir gekommen bist, steht mein Glücklich sein schon vor der Tür, und ich brauche es nur noch hereinzulassen. Stattdessen glaube ich langsam, dass ich noch einen langen Weg vor mir habe, was mir Kopfschmerzen bereitet und mich hadern lässt, ob ich das wirklich alles so will. Irgendwie habe ich es mir leichter vorgestellt".

Der Engel antwortet dem Mann wohl wissend, was ihn bewegt: „Der Grund ist, dass du eine bestimmte Erwartung und Vorstellung hast, wie die Dinge zu laufen haben. Doch nun merkst du, dass es so nicht funktioniert. Du erkennst langsam, dass wahres Glücklich sein so viel mehr bedeutet, als ein schnelles Glück, das man so im Vorbeigehen einfach erleben kann. Wahres Glücklich sein entspringt keiner Vorstellung über etwas und ist auch nicht abhängig von etwas. Schau zurück, wertschätze, was du alles schon erkannt und erreicht hast. Löse dich von deiner Wunschvorstellung, schon bald glücklich sein zu wollen. Alles braucht seine Zeit.

Lebe jeden einzelnen Tag so gut du es kannst und gestalte ihn mit deinen neu gewonnenen Erkenntnissen. Erfreue dich an deinem Leben, so wie es gerade ist, und übe dich in Geduld. Alles kommt zu gegebener Zeit zu dir". Der Mann atmet tief durch und nickt verstehend und dankbar über die klärenden Worte seines Schutzengels.

Da erscheint Erzengel Chamuel und spricht: „Es ist Zeit, dass du dich so annimmst, wie du bist". Rosafarbenes Licht umgibt den Mann. „Ich will mich hingeben", denkt der Mann noch. Er schließt die Augen und atmet bewusst rosa Licht in sein Herz ein, während sich sein Herz mit jedem Atemzug wie eine Blüte weiter öffnet.

Ein wunderbarer Strom der Liebe geht von der Blüte seines Herzens aus und hüllt ihn in eine liebevolle Schwingung. Er fühlt sich von Engelshänden getragen und gibt sich dieser Liebe hin. Sein Herz pocht laut in seiner Brust und er spürt die Liebe in jeder Zelle seines Körpers pulsieren. Er spürt die Liebe zu den Menschen, zu der Natur, zu der Erde und bis weit in das Universum hinein.

Auf einmal hat er die Erkenntnis: „Ich bin Liebe. Ich bin die Liebe selbst. Diese Liebe ist größer und umfassender, als ich es mir jemals vorzustellen vermag." Und Erzengel Chamuel spricht wohlwissend: „Ja, du bist diese Liebe, die du nun spürst. Diese Liebe ist wie eine zarte, zerbrechliche Blume in deinem Herzen. Achte auf sie, behüte und bewahre sie wie einen kostbaren Schatz. Sei achtsam und liebevoll zu dir selbst. Nehme dich aus ganzem Herzen an,

so wie du bist. Nimm auch deine Fehler und Unzulänglichkeiten an. Auch sie verdienen es, in deine Liebe aufge-
nommen zu sein".

*„Über die Selbstannahme zur Selbstliebe, über Selbstliebe
zur allumfassenden Liebe".*

„So sei es", spricht Erzengel Chamuel und entschwindet in
einem Hauch von Liebe.

„Jetzt habe ich das Gefühl, endlich bei mir angekommen
zu sein", denkt der Mann später und fühlt sich aufgeladen
und erneuert. „Jetzt habe ich verstanden, was für mich
wirklich wichtig ist. Von nun an will ich mich um mich und

mein Wohlbefinden kümmern, ich will mir selbst Zeit schenken und die Schönheit des Lebens wieder wahrnehmen. Ich hatte mich selbst vergessen und darüber meine Freude an meinem Leben verloren. Ich hatte übersehen, was alles Gute und Schöne bereits da ist. Ich möchte mich, mein Leben und auch die kleinen Dinge des Alltags wertschätzen. Endlich will ich das machen, was ich von Herzen gerne will und schreibe meine Zeit neu.

In der darauffolgenden Zeit beginnt der Mann die Impulse aus seinem Inneren ernst zu nehmen. Er weiß nun, wenn er glücklich sein will, er auch seinen Bedürfnissen und Herzenswünschen Aufmerksamkeit schenken muss. Er hat es nicht gelernt, sich um die Erfüllung seiner Herzenswünsche und Bedürfnisse zu kümmern. Er hat in der Vergangenheit einfach nur funktioniert.

Der Mann erkennt im Laufe der Zeit, dass nur er selbst für sein Leben verantwortlich ist. Er erkennt, dass ihm der Engel zwar eine Richtung weisen kann, er selbst aber den Weg gehen und seine Erfahrungen machen muss. Ihm ist nun klar, wenn er sich eine neue Lebensqualität wünscht, es niemanden geben wird, auch den Engel nicht, der ihm dies fertig präsentiert. Er wird sich selbst darum kümmern müssen. Mit diesen Einsichten ist er nun beseelt davon, sein verschüttetes Wissen, das sich ihm in seinem Traum kurz gezeigt hat, wiederzuentdecken, selbst wenn dies mit Mühen und Hindernissen verbunden ist. „Meine Macht ist mein Glaube", denkt er oft.

Ich glaube fest daran, dass ich das wiederfinden werde, was mich wirklich glücklich macht".

Aus Gedanken werden Taten,
aus Taten werden Erfahrungen,
aus Erfahrungen wird Wissen.

Immer häufiger beschäftigt den Mann die Frage, was wohl der Sinn seines Lebens ist. „Vielleicht ist der Sinn meines Lebens, einem erfüllenden Beruf nachzugehen, für mein Auskommen und mein Wohlgefühl zu sorgen? Vielleicht ist der Sinn meines Lebens auch, Mitgefühl und Verständnis für andere Menschen zu haben oder an eine höhere, ordnende Macht zu glauben?", denkt der Mann intensiv nach. Doch so sehr er sich auch bemüht, eine Antwort auf die Frage nach dem Sinn seines Lebens zu finden, er findet es nicht heraus. Seit er den Engeln begegnet ist, hat sich sein Leben in einer Weise verändert, die er nie mehr missen möchte. Zwar ist es manchmal mit Mühen und viel innerer und äußerer Arbeit verbunden, aber er fühlt mehr Freude in seinem Leben und er fühlt sich auch viel stabiler. Er ist daran gewachsen, und er hat sich zu einer Persönlichkeit mit einer besonderen Ausstrahlung entwickelt.

Seither sieht der Mann seine Welt aus seinem Herzen heraus und seine Worte haben einen anderen Klang. Es ist der Klang seiner Liebe, der sich durch seine Worte in seine Umgebung verströmt, ohne dass er sich selbst darüber bewusst ist. Aus weiter Ferne lächelt der Engel liebevoll über die Entwicklung des Mannes.

„Ich verspüre neuerdings ein inneres Bedürfnis nach Klarheit, Ordnung und Sauberkeit", fällt dem Mann bei sich selbst auf. „Es ist ein Gefühl von Großreinemachen im Innen und Außen. Alles, was ich nicht mehr benötige, muss nun gehen. Ich werfe Ballast ab und schaffe Klarheit in mir und in meinem Umfeld. Endlich kann ich Dinge loslassen, an denen ich bislang noch festgehalten habe", und er empfindet es als eine Erleichterung, sich neu auszurichten.

Eines Nachts umhüllt und ummantelt den Mann kristallweißes Licht, welches die Reinheit und die Klarheit des Geistes repräsentiert. „Im Kontakt zu uns Engeln der Reinheit spürst du deine Sehnsucht nach der Heimat deiner Seele", spricht eines Nachts der Engel der Reinheit leise zu dem Mann, den eine wiederkehrende Traurigkeit erfasst hat, ohne dass er den Grund dafür kennt.

„Diese geistige Heimat wirst du nicht im Außen finden. Sie ist nur über den Weg in dein Inneres erfahrbar", spricht der Engel der Reinheit mit zarter Stimme weiter. „Um zu einer reinen Schwingung zu werden, musst du deine Gefühle und deine Gedanken reinigen. Dadurch bist du empfänglich für feinere und höhere Schwingungen aus der geistigen Welt. Nicht nur deine Gedanken benötigen Reinheit, auch dein Körper. Er ist der Tempel deiner Seele. Halte deinen Körper, deine Gedanken und dein Herz rein. Dies ist eine wichtige Voraussetzung, den heiligen Raum in deinem inneren Lichttempel zu betreten".

Der Mann lässt geschehen und fühlt die zarte und alles durchdringende Schwingung des Engels der Reinheit in seinem Herzen, die ihn sehr berührt. Er dehnt dieses Licht über sein Herz in seinem gesamten Körper aus und fühlt die reinigende und klärende Wirkung des weißen Lichts.

„So sei es", spricht der Engel der Reinheit und entschwindet in der Reinheit des weißen Lichts.

„Bewahre Reinheit im Herzen".

Engel der Reinheit

Reinheit sein.

Bewahre Reinheit im Herzen.

Der Mann fühlt noch Tage später die Liebe und die Reinheit in seinem Herzen, die zart und gleichzeitig so durchdringend in ihrer Qualität ist.

„Nie zuvor habe ich mir Gedanken über meinen Körper gemacht, der mir dieses Leben auf der Erde überhaupt ermöglicht", sinnt der Mann nach.

„Die Vorstellung, einen heiligen Raum in meinem inneren Lichttempel zu besitzen, erscheint mir fremd und doch, wenn der Engel davon spricht, scheint es ihn zu geben", und der Mann versucht, seinen heiligen Raum wahrzunehmen. Er spürt in sich hinein und bemerkt die Veränderung, die er im Kontakt mit dem Engel der Reinheit erfahren hat. Es ist eine stille Achtsamkeit, Klarheit und Ausrichtung auf seinen Lichtweg.

Reinheit sein ist die Voraussetzung, um den heiligen
Raum in deinem inneren Lichttempel zu betreten.

Der Mann erkennt im Laufe der Zeit, dass er einen klaren Plan braucht, um sein Ziel: „Glücklich sein", zu erreichen. Die Anforderungen in seinem Alltag wachsen. Daher muss er gut für sich sorgen, so dass er in seiner Mitte bleibt und gleichzeitig aufmerksam und diszipliniert seinen Weg weitergeht.

Als der Engel eines Tages wieder erscheint spricht der Mann entschlossen: „Lieber Engel, ich will mich mit dem beschäftigen, was mir Freude bereitet und was mir Energie gibt. Seit ich diesen Traum hatte, in dem ich einen kurzen Einblick in die Weisheit des Himmels erhalten durfte, finde ich keine Ruhe mehr."

Und weiter berichtet der Mann dem Engel: „Ich nehme das Wissen aus vielen Büchern in mich auf wie ein trockener Schwamm. Ich will mich mehr mit diesen Dingen beschäftigen und herausfinden, welche Wahrheit diese Schriften für mich bereithalten. Aber ich finde kaum Zeit, mein Alltag nimmt mich so ein. Die Anforderungen an mich sind gestiegen, was soll ich nur tun? Ich will wirklich etwas in meinem Leben verändern. Ich wünsche es mir von Herzen, eine neue Richtung einzuschlagen. Aber ich kann nicht so einfach meinen Beruf aufgeben und mich den Studien von Büchern hingeben. Es ist mein Herzenswunsch, mich neu zu entdecken und dies in meinem Leben zu verwirklichen. Aber wovon soll ich währenddessen meine Existenz bestreiten? Ich habe eine Vielzahl an Verpflichtungen, die ich erfüllen muss. So einfach geht das alles nicht".

Verstehend antwortet der Engel: „Hast du je ausprobiert, was geschieht, wenn du den Dingen, die in Verbindung zu deinem Lichtweg stehen, mehr Raum gibst? Alles, was dir begegnet, hat eine Bedeutung für dich, sonst wäre es dir nicht begegnet. Alles hat mit dir zu tun".

„Es ist ein Geschenk des Himmels an dich, das du mit Hilfe der Engel Einblicke in eine Welt erhältst, die dir sonst verschlossen geblieben wären. Entdecke, wie deine Welt sich verändert, wenn du dich bewusst auf deinen Lichtweg ausrichtest, wenn du dem Himmel vertraust, dass alles, was du benötigst, zu gegebener Zeit zu dir kommt", schließt der Engel.

„In deiner Gegenwart klingt alles so einfach und in diesen Momenten ist mir auch alles klar. Wenn ich dann aber wieder in meinem Alltag auf mich alleine gestellt bin, verliere ich die Orientierung", antwortet der Mann.

„Du bist nicht in deinem Alltag auf dich alleine gestellt", antwortet der Engel liebevoll und hüllt ihn in ein rosafarbenes Licht. „Du bist in ständiger Begleitung. Auch wenn du mich nicht wahrnimmst, bin ich da. Du kannst mich rufen, wenn du Hilfe benötigst. Du brauchst mich nur darum zu bitten. In den Momenten, in denen dir Orientierung fehlt, sprich in Verbindung zu deinem Herzen: Ich bin Liebe, ich bin glücklich, ich bin Licht. Nehme dein Herz als deinen Orientierungspunkt, denn dein Herz kennt deinen Weg."

Ich bin Liebe, ich bin glücklich,
ich bin Licht.

Der Mann spricht den Satz des Engels nach und spürt, wie die Kräfte der aufgesagten Eigenschaften auf wunderbare Art und Weise zusammenfließen, sich ergänzen und ihm auf seinem Weg zum Glücklich sein Orientierung geben.

„So sei es", spricht der Engel und entschwindet mit den Worten: „Erkenne dich selbst".

„Ja genau, das will ich", spricht der Mann, erfreut darüber, einen Anhaltspunkt auf seinem Weg zum Glücklich sein gefunden zu haben.

Erkenne dich selbst.

„Ich will das Mysterium meines Lebens aufdecken und mich selbst erkennen. Ich will erkennen, wer ich in Wahrheit wirklich bin".

Jeder Mensch muss seinen Weg gehen
und seiner eigenen Wahrheit folgen.

Es dauert nicht lange und ein grün schimmernder Engel berührt den Mann in der Nacht sanft an seinem Herzen und flutet ihn mit einem Licht, das schimmert wie tausend Smaragde. „Ich bin Raphael, ich bringe dir Heilung damit du dich erinnerst, wer du in Wahrheit wirklich bist", spricht Erzengel Raphael.

Schmerzvolle Erinnerungen steigen aus den Tiefen seines Bewusstseins empor. Ein inneres Sehen und Verstehen von zeitlich großen Zusammenhängen breitet sich in dem Mann aus. Vor seinem geistigen Auge entstehen Bilder, in denen er sich lange Zeit allein und abgetrennt erlebt hat. Er fühlt wieder die Traurigkeit in seinem Herzen über das Alleinsein, begleitet von dem Gefühl, abgetrennt zu sein. Die Liebe von Erzengel Raphael berührt sein innerstes Herz und der Mann fühlt die Liebe in seinem Körper schwingen. Er spürt die Heilkraft als reine göttliche Liebe, die sein lang vergessenes Leid durchdringt. Und der Mann gibt sich seiner Heilung hin: „Mein Trennungsschmerz, meine Schwere, das Gefühl des Ausgebranntseins und meine Hoffnungslosigkeit lösen sich in einem Meer von heilendem Licht auf. Ein Schleier des Vergessens hatte sich über mein Bewusstsein gelegt, so dass ich mich nicht mehr an meine wahre Herkunft, meine ureigene Lichtheimat, erinnern konnte. Ich erkenne nun, dass ich mehr als nur ein Mensch bin. Ich erkenne, dass ich ein Lichtwesen bin und meine geistige Heimat in Gott ist, von der ich in Wahrheit niemals getrennt war. Ich erinnere mich, ein Wesen zu sein, das aus dem Licht gekommen ist, um sich auf der Erde wieder als ein Kind Gottes zu erkennen, und das in Wahrheit unsterblich ist".

Sein Schutzengel wacht neben dem Mann, wie er es schon seit ewigen Zeiten tut. Jetzt ist eine neue Zeit für den Mann gekommen, auf die er schon lange Zeit gewartet hat. Nun kann er sich endlich wieder daran erinnern, wer er in Wahrheit wirklich ist. „Du bist auf die Erde gekommen", spricht Erzengel Raphael mit leiser Stimme, „dich zu erinnern, wer du in Wahrheit bist:

ein Lichtwesen, geboren aus dem göttlichen Licht, inkarniert in einen menschlichen Körper, um an dem gnadenvollen Akt des Lebens auf der Erde teilhaben zu können."

„So sei es", spricht Erzengel Raphael und entschwindet dorthin, wo nur Wahrheit und göttliches Bewusstsein existieren.

„Liebe ist die größte Heilkraft im Universum".

„Ich habe die Wahrheit über mich erfahren", spricht der Mann später zu sich selbst und er fühlt die tiefe Anbindung an seinen göttlichen Urgrund über sein Herz.

„Jetzt verstehe ich die ersten Worte meines Schutzengels, als er mir vor vielen Wochen sagte, ich bin gekommen, um dich zu erinnern, wer du in Wahrheit bist. Von nun an lebe ich in der Gewissheit, dass ich an unsichtbaren Fäden unbemerkt geführt und getragen werde. Niemals werde ich von meinem Weg abweichen und zu Schaden kommen, da ich in himmlischer Begleitung bin. Lange habe ich gesucht, ohne zu wissen, wonach ich gesucht habe. Doch nun habe ich das erhabene Bewusstsein erlangt, in ständiger Verbindung mit Gott zu sein und in ihm zu leben".

Liebe heilt, was getrennt war
und verbindet, was zusammengehört.

„Jetzt hast du verstanden, dass Liebe die größte Kraft im Universum ist", spricht Tage später der Engel mit liebevoller Stimme. Denn: „Gott ist Liebe".

Gott ist Liebe.

„Lebe ohne die Erwartung, dass Licht und Liebe sich in deinem Leben immer sofort erfüllen. Wichtig ist, dass du das Bewusstsein: „Gott ist Liebe" in dir trägst". Der Mann fühlt die zarten Wortimpulse, die in jeder Zelle seines Körpers schwingen. Nun versteht er, dass der Engel der Reinheit als Vorbereitung diente, damit er diese feinen Schwingungen des Engels aufnehmen kann, die nun in ihm erklingen, wie ein vollkommenes, himmlisches Musikstück. Der Mann spricht ehrfürchtig: „Ich bedanke mich für deine Worte, jedoch denke ich, dass ich noch am Anfang stehe, um die Tiefe deiner Worte zu verstehen".

„Denke weniger und fühle mehr" antwortet ihm der Engel. „Das Gefühl ist die Sprache deiner Seele".

„So sei es", spricht der Engel und entschwindet in heilige Sphären, dorthin, wo Engel unaufhörlich den Namen Gottes preisen.

Denke weniger und fühle mehr.
Das Gefühl ist die Sprache der Seele.

Noch lange schwingen die Erlebnisse der vergangenen Wochen in dem Mann nach. Wieder und wieder kommen ihm die Worte des Engels in den Sinn, als der Engel ihn das erste Mal besucht hat: „Ich bin gekommen, um dich zu führen auf deinem Weg, solange du dein Bewusstsein für deinen Plan und deine wahre Herkunft verloren hast". Tief bewegt sprudelt es aus dem Mann heraus:

„Das Wissen über meine wahre Herkunft, und dass ich mir etwas für mein Leben vorgenommen haben soll, ist so überwältigend und gleichzeitig so schön. Dass ich so etwas über mich überhaupt erfahren darf. Mein Leben ist ein Abenteuer geworden, seit die Engel in mein Leben getreten sind. Es ist ein Abenteuer und ein großes Mysterium, das keinen Anfang und kein Ende zu haben scheint. Es ist das größte und schönste Abenteuer, dass ich mir nur vorstellen kann".

Der Mann weiß jetzt, dass er das Geheimnis seines Lebens nicht mit Hilfe seines Verstandes und seines Denkens entschlüsseln kann, sondern die Antwort in seinen Gefühlen suchen muss. Er beobachtet von nun an genau, welche Gefühle in welchen Situationen auftauchen und welche Auswirkungen sie auf ihn haben. „Was wollen mir meine Gefühle sagen? Welche Wahrheit drücken sie aus?", horcht der Mann in sich hinein. Er entwickelt die Bereitschaft, sich nicht nur auf seinen Kopf zu verlassen und lernt, seinen Gefühlen zu vertrauen. Und der Mann überlegt weiter: „Ich will glücklich sein, habe ich in den ersten Begegnungen mit dem Engel gesagt, aber was verbinde ich mit glücklich sein überhaupt? Was heißt es überhaupt für mich, glücklich zu sein? Ist glücklich sein ein plötzliches Glücksgefühl, das einfach kommt und geht? Woher kommt es und in welchen Momenten taucht es auf? Und wenn ich schließlich glücklich bin, werde ich es dann immer sein?"

Viele neue Fragen tauchen in dem Mann auf, auf die er keine Antwort findet. Erneut überfällt ihn ein Gefühl der Traurigkeit. „Ich verstehe mich selbst nicht. Wenn ich zurückblicke, erkenne ich, dass ich schon weit gekommen bin. Und ich bin auch stolz auf meine Entwicklung, aber nun stehe ich wieder da und habe das Gefühl, dass ich eigentlich gar nichts weiß".

Eines Nachts spricht der Engel wieder zu dem Mann: „Sei der Baumeister deines Lebens".

„Was meinst du damit?", antwortet der Mann. „Du sprichst so oft in Rätseln zu mir. Was heißt das, der Baumeister meines Lebens zu sein? Ich verstehe dich nicht". „Du hast unzählige Möglichkeiten, beginne", antwortet der Engel.

„So sei es", spricht der Engel und entschwindet im göttlichen Bewusstsein von niemals endenden Möglichkeiten.

Noch Tage danach hört der Mann die Worte des Engels in seinem Inneren: „Sei der Baumeister deines Lebens". Das klingt wie ein Hinweis. „Was macht ein Baumeister?", versucht der Mann das Rätsel zu lösen. „Er baut ein Gebäude oder einen Tempel, von dem ja auch der Engel der Reinheit gesprochen hat", und sein Herz beginnt aufgeregt zu klopfen.

Der Mann überlegt: „Der Engel der Reinheit sagte zu mir: Reinheit sein ist die Voraussetzung, um den heiligen Raum in meinem inneren Lichttempel zu betreten. Ja, jetzt verstehe ich. Räume gehören zu einem Bauwerk und dieses Bauwerk bin ich selbst. Ja, ich will Räume in mir entdecken und sie aus meinem Herzen heraus füllen", und der Mann ist voller Freude über die Entdeckung der neuen Möglichkeiten.

„Ich will mein Leben aus meinem Herzen heraus neu gestalten. Ich will mein göttliches Potenzial entdecken und mein inneres Wissen nutzen. Ja, ich will Baumeister meines Lebens sein, das wünsche ich mir von Herzen. Wie wunderbar. Ich will glücklich sein, habe ich vor vielen Monaten gesagt. Da war am Anfang nur ein Gefühl, mehr nicht. Schon gar nicht habe ich mir damals Gedanken darüber gemacht, wie ich mein Glücklich sein ausdrücken möchte. Ich werde meine inneren Räume mit Glücklich sein füllen" schließt er seine Überlegungen entschlossen.

Der Mann denkt nun intensiv nach: „Wie kann ich beginnen? Was sind jetzt meine Handlungsmöglichkeiten? Ich brauche ein Konzept. Vielleicht entwickele ich mein eigenes Lebenskonzept und bin auf diese Weise Baumeister meines Lebens. Ich schreibe zunächst meine Gedanken, Gefühle und Erfahrungen auf, seit die Engel in mein Leben getreten sind", strömt es aus ihm heraus und er fühlt sich inspiriert. „Dann schaue ich weiter, was ich daraus machen kann. Vielleicht ergibt sich daraus ein Projekt oder eine Unternehmung, wie ich die Engel mit der Verwirklichung meines eigenen Lebenskonzepts verbinden kann. Wie spannend. Ich fange einfach an und lasse die Dinge sich entwickeln. Vielleicht ergibt sich alles, so wie sich für mich bislang alles in der himmlischen Begleitung der vielen Engel ergeben hat!"

Der Mann ist beseelt davon, sein bislang verschüttetes inneres Wissen wieder zu entdecken und seine inneren freien Räume mit Kreativität, Schönheit und Lieblichkeit zu füllen, die ganz einfach aus seinem Herzen fließen. „Ich nehme mir jetzt bewusst die Zeit, die ich für mich und die Entdeckungsreise in meine inneren Räume benötige. Es gibt für mich noch so viel zu entdecken, nämlich meine wunderbare innere Welt, in Begleitung der himmlischen Helfer".

Er setzt Prioritäten, um Freiräume für neue Projekte in seinem Leben zu initiieren. Dafür stellt er einen neuen Zeitplan auf. Es ist Zeit, die er für die Neugestaltung seines Lebens freischaufelt. „Manchmal muss man alte Türen schließen, damit sich neue Türen in neue Räume öffnen können" denkt er. „Ich fühle mich tatsächlich wie ein Baumeister. Ich fühle mich als Baumeister meines eigenen Lebens und mache das, was ich von Herzen wirklich will!", spricht der Mann laut aus und sprüht vor Energie und Begeisterung.

Wochen später besucht der Engel den Mann wieder: „Lieber Mensch, und bist du der Baumeister deines Lebens geworden?", worauf der Mann niedergeschlagen antwortet: „Nein, leider nicht. Ich habe mit großer Begeisterung begonnen, doch habe ich leider im Laufe der Zeit den Anschluss verloren. Ich schaffe es nicht, meine Ideen umzusetzen und fechte dadurch innere Kämpfe in mir aus. Die eine Stimme sagt: Toll, das mache ich jetzt und die andere Stimme gaukelt mir vor, dass andere Dinge wichtiger sind. Dieses hin und her in mir verunsichert mich und lenkt mich ab. Hinzu kommt mein innerer Kritiker, der ständig alles besser weiß. Er sagt mir täglich, dass Engel, die mir helfen, mein Lebenskonzept zu entwickeln und die mich auch noch glücklich machen, Zeit- und Energieverschwendung sind. Mein Herz wiederum mahnt mich täglich, weiter zu machen. Doch ich verstricke mich in meinem Alltag in so viele Aktivitäten und komme dadurch zu nichts. Ich fühle mich wirklich schlecht damit."

Der Engel spricht liebevoll verstehend: „Wenn du, wie du sagst, nicht mit deinen Projekten vorankommst, liegt es daran, dass du nicht im Einklang mit dir selbst bist. Erkenne und akzeptiere, dass du Gegensätze in dir hast, nämlich männliche und weibliche Anteile, die sich oftmals widersprechen. Dies ist das Spiel der Polarität und ist der Ausdruck des Menschseins hier auf Erden. Diese beiden Anteile sind miteinander ringende Anteile, die du als innere Kämpfe erlebst. Wenn du dich hin und hergerissen fühlst, dann bitte Erzengel Sandalphon, dich zu unterstützen, deine gegensätzlichen männlichen und weiblichen

Anteile in deinem Herzen zu vereinen. Erst dann bist du im Einklang mit dir selbst und kannst daraus schöpfen".

Kampf erzeugt Trennung.
Verbinden befreit die Seele.

Der Mann versteht sofort. Er geht bewusst in sein Herz und atmet Selbstvertrauen ein und Gottvertrauen aus. Beschützt und ummantelt gelangt der Mann in Begleitung seines Schutzengels auf eine andere Bewusstseinsebene. Über sein Herz verbindet er sich mit Erzengel Sandalphon und es scheint ihm, als würde er einen alten Vertrauten wiedertreffen.

„Ich bin Sandalphon, ich vereinige die Gegensätze", nimmt er die sanfte Stimme von Erzengel Sandalphon wahr. „Erkenne und akzeptiere, dass du männliche und weibliche Anteile in dir trägst und beide Ausdruck des Menschseins auf der Erde sind. Du wirst Harmonie erlangen, wenn du alles, was du als gegensätzlich empfindest, in dir annimmst. Lasse jedem der Bereiche in dir seinen eigenen Klang. So kann alles zusammen klingen und du fühlst dich im Einklang mit allem, was in dir ist."

Jetzt in der Begegnung mit Erzengel Sandalphon lässt sich der Mann in die ausgleichende Energie fallen, die reine Harmonie ist. Er fühlt sich vollständig. Er fühlt sich nicht mehr zerrissen zwischen entweder dem einen oder dem anderen Pol. Seine männlichen und weiblichen Kräfte schwingen nun harmonisch miteinander. Er fühlt sich in seiner Mitte, und auf einmal weiß er: „Diese Mitte ist reine

Liebe, sie ist es, die alles verbindet." Der Mann bedankt sich erleichtert für die himmlische Begleitung zu Erzengel Sandalphon und versteht, warum sein Leben in der Vergangenheit oft kompliziert war. Endlich hat er eine Lösung für viele Schwierigkeiten in seinem Leben gefunden.

„Wann immer du dich nicht im Gleichgewicht fühlst, kannst du mich rufen. Ich bin immer für dich da".

„So sei es", spricht Erzengel Sandalphon und entschwindet im Raum außerhalb der Dualität.

„Die Liebe ist es, die alles verbindet".

„Wie wunderbar", sagt der Mann Tage später zu seinem Schutzengel, „was für eine wunderbare Erkenntnis und Unterstützung. Ich bin sehr dankbar".

Und der Engel erklärt dem Mann: „Auch in einem Schöpfungsakt, so wie du ihn in deinem Vorhaben begonnen hast, benötigst du immer sowohl deine weiblichen als auch deine männlichen Anteile. Der weibliche Teil ist das passiv empfangende und aufnehmende Prinzip. Die aktiv männliche Energie gibt der weiblichen Energie in dir durch dein Handeln eine Richtung, eine Form, in der sich dann Schöpfung ausdrückt. Am Ende eines Schöpfungsaktes steht dann ein greifbares Ergebnis, das durch das Zusammenspiel beider Anteile entsteht. Jeder der beiden Anteile benötigt in einem Schöpfungsakt den jeweils anderen. Der weibliche passive Anteil benötigt den aktiven männlichen Anteil, der entschlossen sein Ziel verfolgt. Und umgekehrt reicht das Tun alleine nicht aus. Du brauchst auch den weiblichen Aspekt, um geschehen lassen und abwarten zu können. Du brauchst Stille und Zeit für Inspiration und Kreativität. Baumeister deines Lebens zu sein, erfordert Ausdauer und Mühe. Im aktiven Tun gibst du deinen Visionen und Ideen eine Form, sonst bleiben sie nur ein Gedankengebilde. Jetzt kannst du aus deiner Mitte heraus die freien Räume in dir füllen".

„So sei es", spricht der Engel und entschwindet im Raum der Harmonie.

„Jetzt endlich fange ich an zu verstehen", spricht der Mann und Freude erfüllt sein Herz. „Es ist die alchemistische Vereinigung von Feuer und Wasser, von männlich und weiblich. Es ist der Zeugungsvorgang für etwas neu Entstehendes, so wie auch meine Projekte etwas Neues hervorbringen. Jetzt können endlich meine inneren Kämpfe der Gegensätze aufhören. Die Lösung liegt nicht im „Entweder-oder", also das eine oder das andere, sondern im „Sowohl als auch". Ich brauche beide Qualitäten".

Und Erzengel Uriel spricht: „Ich bringe dir das Feuer Gottes und initiiere den göttlichen Funken in deine Vorhaben. Ich sende dir Impulse und Inspiration, Kraft und Umsetzungsenergie, die du jetzt benötigst, um deine Ideen und Vorhaben umzusetzen. Ich helfe dir, in Schwung zu kommen und deine Kraft auf dein Ziel auszurichten. Durch deine Anbindung an das göttliche Licht und indem du deine Projekte umsetzt, bringst du göttliches Licht auf die Erde. Auf diese Weise dienst du der Schöpfung. Denke immer daran mit welcher Einstellung du deine Arbeit verrichtest. Durchdringe deine Arbeit mit deiner Liebe und deine Erfolge werden gesegnet sein."

Erzengel Uriel
Dienen.

Das Licht auf die Erde bringen ist Gottesdienst.

„So sei es", spricht Erzengel Uriel und entschwindet im zeitlosen Raum zwischen Himmel und Erde.

„Das Licht auf die Erde bringen ist Gottesdienst"

„Sei wie ein Baum", hört er noch von weitem die Worte in sich erklingen. „Sei wie ein Baum. Auf diese Weise verbindest du auf wunderbare Weise Himmel und Erde sowie kosmische und irdische Energie in dir".

Der Mann fühlt eine Energie in sich erwachen, die kraftvoll ist und die ihm hilft, Dinge in die Hand zu nehmen und umzusetzen. Er ist motiviert, Veränderungen in seinem Leben aktiv anzugehen, was für ihn eine neue Erfahrung ist. „Ich freue mich auf die Veränderungen in meinem Leben", denkt der Mann entschlossen. Noch nie hat er sich auf Veränderungen so leicht einlassen können wie jetzt. Er fühlt das göttliche Feuer in sich brennen und geht in die Umsetzung seiner Projekte.

„Sei wie ein Baum", hat der Engel zu ihm gesprochen. Die Verbindung von Himmel und Erde sowie die Verbindung von kosmischer und irdischer Energie geschieht dadurch auf wunderbare Weise durch dich".

Der Mann begibt sich in Meditation und verbindet sich über sein Herz mit den Seelen der Bäume. Vor seinem inneren Auge entsteht ein Bild von hohen Bäumen, deren Äste und Blätter sich im Wind wiegen. Er fühlt, dass er in eine andere Welt eingetreten ist. Es ist eine Welt der Bäume und Pflanzen, beseelt durch Devas und Naturgeister, die in ihrem eigenen Himmel schwingen und klingen. Sie helfen, das göttliche Licht auf die Erde zu bringen, und dass das Licht sich als Materie verwirklichen kann.

Die Bestimmung der Engel der Bäume ist es, die Bäume zu stärken, damit sie in ihrer eigenen und individuellen Qualität erstrahlen können. Mit ihrer Einzigartigkeit tragen die Bäume auf diese Weise zu einer wunderbaren Natur auf der Erde bei.

„Wir alle sind bereit, euch Menschen zu unterstützen", vernimmt der Mann die Stimme eines Engels der Bäume. „Ihr könnt viel von uns Bäumen lernen und euch auf eurem Weg von uns stärken lassen. Du brauchst nur zu verstehen, worauf es ankommt. Nämlich darauf, dass du dich als Mensch, genauso wie wir Bäume, tief verwurzelst, um einen festen Stand auf der Erde zu haben. Dann wachse langsam, damit du einen starken Stamm entwickelst und strebe mit deiner Krone dem Himmel und somit dem Licht entgegen. Über deine Füße nimmst du die irdische Energie auf und über deine Krone nimmst du die kosmische Energie auf. Auf diese Weise vereinigst du Himmel und Erde in deinem Herzen. Sage „Ja" zu dir selbst und sage „Ja" zu deinem Leben. Andernfalls werden dich die Stürme des Lebens stürzen lassen und dann wird es dir nicht gelingen, den Himmel zu berühren. Ich stärke dich, damit du aufgerichtet dein Leben meisterst".

Der Mann fühlt eine kraftvolle Energie, die sich über sein Herz in seinem gesamten Körper ausdehnt, ihn aufrichtet und stabilisiert. Er fühlt Wurzeln von seinen Füßen ausgehend in die Erde wachsen und er fühlt einen prächtigen Stamm, der durch seinen Körper geht. Seine Arme werden zu Ästen, die sich weit in alle Richtungen ausdehnen. Aus seinem Kopf wachsen dünne Äste mit Blättern, die im Wind wehen und freudig den Himmel berühren. Er spürt, wie kosmische Energie über seinen Kopf und irdische Energie über seine Füße in seinen Körper fließen und sich in seinem Herzen vereinen. Er nimmt wahr, dass es keine Trennung gibt, zwischen oben und unten, zwischen Himmel und Erde. Er ist Eins mit der lichten Welt und schwingt im Einklang mit den Seelen der Bäume.

„So sei es", spricht der Engel der Bäume und entschwindet im Raum zwischen Himmel und Erde.

„Kopf im Himmel, Füße auf der Erde. Im Herzen sind Himmel und Erde vereint".

Es ist die Sprache des Herzens, mit der die Naturwesen Botschaften übermitteln, die den Menschen helfen, sich als Lichtwesen zu erkennen. „Nie habe ich mir vorstellen können, mit Wesen der Natur kommunizieren zu können", denkt der Mann und ist tief berührt von dieser Erfahrung. Ich fühle mich im Einklang mit der Natur und ich verstehe mich zum ersten Mal als ein winzig kleiner Teil der Schöpfung in einem großen kosmischen Spiel des Lebens auf der Erde".

Nach langer Zeit taucht der Engel in der Nacht wieder auf und der Mann beginnt mit trauriger Stimme zu sprechen: Ich muss dir etwas sagen, dass mir nicht leicht fällt. Durch dein Erscheinen in meinem Leben habe ich eine wunderbare Entwicklung gemacht, für die ich dir sehr dankbar bin. Dennoch tauchen immer wieder Gedanken auf, die meine Stimmung trüben. Sie sagen mir, dass ich dieses wunderbare Leben, dass ich durch deine und durch die Begleitung vieler anderer Engel erfahren darf, nicht verdiene".

Nach einer kurzen Pause spricht der Mann weiter: Ich weiß auch, dass mir diese Gedanken nicht mehr entsprechen. Doch immer wieder tauchen Gedanken auf, mit denen ich mich selbst verleugne. Es gelingt mir jedoch nicht, dieses Denken über mich selbst zu beenden. Es macht mich zutiefst traurig".

Der Engel nickt verstehend, wohl wissend, was den Mann tief in seinem Inneren beschäftigt. „Schätze dich in deiner Einzigartigkeit und schätze alles das, was du schon in deinem Leben erreicht hast. Deine Erfahrungen, und besonders die Leidvollen und Schmerzvollen, haben dich wachsen und reifen lassen und machen deine Persönlichkeit aus. Du wirst von Gott geliebt, so wie du bist. Lerne zu vergeben und zu verzeihen. Übe dich im Vergeben und Verzeihen und besonders dir selbst gegenüber. Bitte Gott um die Gnade der Vergebung für dich und für andere, und lasse zu, dass dir das Geschenk der Gnade zuteilwird. Vergebung ist eine wichtige Lektion im Leben eines jeden Menschen. Bitte Erzengel Zadkiel, dich zu unterstützen, dass deine Transformation durch die göttliche Gnade geschehen kann".

Erleichtert über das Geschenk aus der Engelwelt tut der Mann, wie ihm der Engel geraten hat. Er verbindet sich über sein Herz mit Erzengel Zadkiel, der sofort zur Stelle ist, um den Mann ein Stück weiter den Himmel empor zu tragen.

Der Engel spricht weiter: „Erzengel Zadkiel begegnet dir in Form einer violetten Flamme, in der du dich von karmischen Bindungen lösen kannst, die dich an die Vergangenheit binden. Du kannst dadurch Heilung und Frieden erfahren und Entwicklungsschritte vollziehen, für die du ohne diese Transformationskraft, eine sehr lange Zeit brauchen würdest".

Der Mann spricht aus tiefstem Herzen: „Ich bitte um die Gnade der Vergebung für mich und andere", und im gleichen Moment spürt er eine Energie in sich erwachen, in der tausend Flammen zu einer einzigen violetten Flamme verschmelzen. Er erlebt Erzengel Zadkiel als göttliche Flamme, die gekommen ist, alles zu verbrennen, was nicht Licht und Liebe ist.

Von weitem hört der Mann die leisen Worte von Erzengel Zadkiel: „Du kannst alles, was dir in den Sinn kommt und dich belastet, der violetten Flamme übergeben. Das können alte Verletzungen sein, das können auch Verbindungen zu Menschen sein, die du als belastend empfindest, auch das Gefühl, es nicht verdient zu haben und des Nicht-Wert seins. Ebenso können es alle deine leidvollen Erfahrungen sein, deine Anstrengungen und Mühen des Lebens, die oft auf alten Schuldgefühlen basieren".

Der Mann lässt geschehen und übergibt in Gedanken alles der violetten Flamme, was ihm auf dem Herzen liegt. Auf diese Weise geschieht Vergebung durch Gnade und seine karmischen Schulden und irdischen Verstrickungen sind erlöst.

„Du hast Transformation durch göttliche Gnade erfahren", spricht einige Zeit später Erzengel Zadkiel, als sich die Energie der violetten Flamme auflöst. „Es ist vollbracht. Sei im Hier und Jetzt. Jetzt findet dein Leben statt und nicht in der Vergangenheit und auch nicht in der Zukunft".

Erzengel Zadkiel

Vergeben.

Transformation durch göttliche Gnade.
Bitte um die Gnade der Vergebung.

„So sei es", spricht Erzengel Zadkiel und entschwindet in Höhen des Lichts, in denen alte Schatten und Verstrickungen keine Macht mehr haben.

„Transformation durch göttliche Gnade. Bitte um die Gnade der Vergebung".

Tage später noch beschäftigt den Mann das Erlebnis seiner Transformation. Demut erfasst ihn. Ihm wird bewusst, wie viel Liebe, Mitgefühl, Verständnis und Geduld ihm aus der geistigen Welt unaufhörlich zufließen, damit er sich erkennt und entwickelt, um glücklich zu sein.

„Ich fühle, dass ein Schuldgefühl, das schwer auf mir lastete, sich aufgelöst hat im violetten Licht. Es ist nicht wichtig, dass ich genau weiß, was das für ein Schuldgefühl war", hat der Mann die Erkenntnis. Früher war es sein Anspruch, alles genau zu verstehen. Sein Kopf wollte immer eine Erklärung für alles haben. Jetzt hat er verstanden, dass sein kritisches Denken und sein ständiges Hinterfragen verhindern, was auf einfache Weise zu ihm kommen möchte. Nun lebt der Mann in der Gewissheit, dass er nur geschehen lassen braucht, da der Himmel beständig daran arbeitet, dass alles zu seinem höchsten Wohle geschieht. Dadurch gelingt es ihm stetig besser, bei sich zu bleiben.

„Mein Leben ist so viel ruhiger, leichter und schöner geworden, seit ich gelernt habe, Situationen mit Gleichmut zu betrachten. Ich merke, dass viele Gedanken, mit denen ich mich in der Vergangenheit selbst sabotiert habe, auf leisen Sohlen gegangen sind und keine Macht mehr über mich haben".

Statt sich Sorgen um die Zukunft zu machen, hat der Mann ein tiefes Vertrauen in die Schöpfung entwickelt. Er macht immer häufiger die Erfahrung, dass alles, was er benötigt, zu gegebener Zeit in Leichtigkeit zu ihm fließt. Er hat gelernt, eine neue Sichtweise einzunehmen. Es ist die Sichtweise eines Engels, der in heiterer Gelassenheit alles von oben betrachtet. „Eine wunderbare Lebensqualität erfahre ich seit dem Erscheinen der Engel in meinem Leben", und er fühlt eine tiefe Verbundenheit zu den himmlischen Wesen.

„Es ist wie das Paradies auf Erden. Ich fühle mich wie ein König, der beständig vom Himmel unterstützt wird, damit es mir gut geht", und der Mann blickt dabei in den wolkenlosen Himmel. „Ja, so wie der Himmel sich mir heute wolkenlos zeigt, zeigt sich mir heute auch mein Leben wolkenlos. Es ist beeindruckend zu beobachten, dass das, was ich in mir fühle und denke, sich mir genauso in meinem äußeren Leben zeigt!"

Nach vielen Wochen steht eines Nachts der Engel wieder vor dem Mann und spricht: „Lieber Mensch, du hast viel gelernt und bist schon weit auf deinem Weg vorangekommen. Du hast erfahren, dass du Licht und Liebe bist, und du hast darüber deine Wahrheit erkannt. Du hast gelernt, Feuer und Wasser und Himmel und Erde miteinander zu verbinden. Du hast die Gnade Gottes erfahren und durch diese Gnade deine Transformation. Transformation und Wandlung stehen am Ende eines langen Entwicklungsweges, an dem du nun stehst. Es ist deine Wandlung von einem Menschen hin zum Gott-Menschen. Gott-Menschen sind Menschen, die sich bewusst dafür entschieden haben, ihr Leben auf Liebe, Freude und Frieden auszurichten. Ein Gott-Mensch ist, wer sich seiner eigenen Göttlichkeit bewusst ist und sich somit zum Ebenbild Gottes auf Erden entwickelt hat", erklärt der Engel dem Mann. Und der Engel führt weiter aus: „Erzengel Zaphkiel prüft jede Seele, ob sie für den nächsten Schritt in ihrer Entwicklung bereit ist, und nun prüft er auch dich.

Da erscheint Erzengel Zaphkiel. Ein Meer von flutender Energie durchströmt den Mann. Der Mann atmet tief ein und fühlt sich in seinem innersten Herzen berührt. Er faltet die Hände in der Mitte seiner Brust und ist bereit, dem Willen Gottes in seinem Inneren zu lauschen. Er hört die Worte von Erzengel Zaphkiel. „Wenn du in deiner Entwicklung fortschreiten willst, gilt es noch eine Lektion zu lernen. Die Aufgabe ist es alles anzunehmen, was Gott dir gibt. Auch hinter jedem Ungleichgewicht steht Gottes Licht und Gottes Liebe. Er ist Anfang und Ende. Für dein Leben heißt dies, dass du dich allen Situationen stellst und dein Leben so annimmst wie es ist, und es liebst, wie es ist. Und bist du bereit dich dieser Aufgabe zu stellen?"

Der Mann zögert nicht und wiederholt die Worte des Engels mit zärtlicher Stimme: „Ja, ich will alles annehmen wie es ist und es lieben, wie es ist".

„So sei es", spricht Erzengel Zaphkiel und entschwindet im Raum, der keinen Anfang und kein Ende zu haben scheint.

„Annehmen wie es ist und es lieben wie es ist".

Erzengel Zaphkiel

Wandlung.

Annehmen wie es ist
und es lieben wie es ist.

Tage später fällt der Blick des Mannes unvermittelt auf eine Rose im Garten eines Hauses, die noch im späten Herbst dem Wind, Sturm und Kälte trotzt und in ihrer

Schönheit blüht. Wie magisch hat die Blume seine Aufmerksamkeit auf sich gezogen. Trotz widriger Wetterumstände steht sie mit ihrer prächtigen Blüte zwischen kargen und farblosen Bäumen und Sträuchern da und hält eine Botschaft für jeden bereit, der offen ist, die Sprache der Natur zu verstehen. Ihre Botschaft lautet: „Es gibt selbst unter scheinbar widrigen Umständen keinen Grund, dass du nicht der Mensch bist, die du in Wahrheit bist. Dazu zählt, dass du dich nicht von äußeren Umständen, Erwartungen und falschen Vorstellungen von dir selbst ablenken lässt, sondern deinem eigenen Weg folgst und das tust, was deiner eigenen Bestimmung entspricht".

Die Aufgabe einer Rose als ein göttliches Symbol für Liebe ist es, Schönheit und Vollkommenheit auf der Erde zu repräsentieren und unbeeinflusst in der eigenen Bestimmung zu sein. Ihre Bestimmung ist, Liebe und Schönheit zu verströmen und das Herz jener zu betören, die die Sprache der Rose verstehen und sich von ihrer Botschaft berührt fühlen. Derjenige, der die Sprache einer Rose versteht, wird die Worte eines Rosenengels vernehmen und seine Botschaft empfangen. Der Mann versteht die Worte über sein Herz: „Mein Duft betört dich. Er weckt in dir die Erinnerung an eine größere Liebe, die auch in dir ist. Du bist wie ich ein Wesen der Liebe, das nur eins möchte: liebend sein".

„Schau tief in das Innere einer Rose und du findest mich. Schau tief in die Rose deines Herzens und du findest dich".

„So sei es", spricht der Rosenengel und entschwindet in einem Hauch von Rosenduft.

„Zu lieben ist der Sinn des Lebens".

Der Mann fühlt sich reich beschenkt von der Botschaft des Rosenengels und nimmt für einen kurzen Moment den zarten Duft einer Rose wahr.

„Durch nichts fühle ich mich mehr berührt und inspiriert, als durch die Vielfalt der Natur und den Anblick von Blumen und Pflanzen, von Landschaften und dem Wechselspiel der Farben". Und endlich versteht der Mann mithilfe des Rosenengels den Sinn seines Lebens, den Sinn, nach dem er nun schon so lange sucht. „Zu lieben ist der Sinn meines Lebens".

Zu lieben ist der Sinn des Lebens.

Alles, was dem Mann von nun an in der Natur begegnet, rührt sein Herz an, und er beginnt zu segnen. Er segnet die Pflanzen und Tiere, die Steine und Landschaften, das Wasser und die vielen kleinen und großen Momente in seinem Leben mit seinem Licht und seiner Liebe. Und er spürt, dass er in seinem Herzen Himmel und Erde miteinander verbunden hat.

Dankbar wird dem Mann bewusst, dass ihm der Rosenengel durch seine Botschaft hilft, die Aufgabe: „Alles anzunehmen wie es ist und es zu lieben wie es ist", zu meistern.

Die kommende Zeit ist für den Mann intensiv. Er begegnet jedem Menschen und allen Situationen aus seinem Herzen heraus mit einem Gefühl der Liebe und Freude. Er erlebt seine Welt plötzlich in einem anderen Licht und immer öfter taucht ein schönes Gefühl auf, dass sich so anfühlt wie „Glücklich sein".

Irgendwann unterscheidet er nicht mehr, ob es sich gut oder nicht gut anfühlt. Er sagt einfach „Ja" zu allem, was ihm begegnet, da er gelernt hat, alles mit Gleichmut zu betrachten. Er liebt einfach und er beginnt immer mehr zu lieben. Er liebt Erfahrungen und viele kleine und große Momente seines Lebens. Momente des Alleinseins und Momente des Miteinanders.

Immer häufiger gebraucht er Sätze wie: „Ich bin glücklich. Ich will alles lieben, so wie es ist. Ich erlebe heute einen schönen Tag in Leichtigkeit. Ich will heute danken für einen Tag in meinem Leben. Ich bin heute aufmerksam, was mir begegnet. Ich begegne heute allen Menschen aus meinem Herzen heraus. Ich glaube, dass es einen guten Grund gibt, warum Situationen auftauchen, die mir nicht gefallen und nehme sie in Gleichmut und in heiterer Gelassenheit an. Der Himmel arbeitet ständig daran, mir jeden Wunsch zu erfüllen. Und wenn es einmal anders kommt, weiß ich, dass es einen Grund dafür gibt, den ich nicht oder noch nicht erkenne. Ich segne alles, was mir begegnet, in Licht und Liebe".

Mit seiner neuen Einstellung erlebt und fühlt er genau das, was er sich von Herzen wünscht. Eine neue Welt eröffnet sich ihm Schritt für Schritt. Sie fühlt sich an wie der Himmel auf Erden. Jeder Tag inspiriert ihn neu und er erkennt, wie gesegnet er ist und er ist dankbar für sein Leben.

Das Leben ist einfach, wird dem Mann bewusst. „Die Lösung liegt im Annehmen und Bejahen des Lebens aus tiefstem Herzen heraus und es so zu lieben, wie es ist. Es kommt nicht darauf an, was ich tue, sondern wie ich es tue. Nämlich alles in Liebe zu tun. Die richtige Einstellung birgt die Lösung", hat er die Erkenntnis.

Sein Herz gleicht einem Gefäß, das sich unaufhörlich füllt mit nie endender kosmischer Energie. Es ist ein unendliches Fließen von kosmischer Energie, die reine Inspiration ist. „Ich bin inspiriert", ruft der Mann mit freudiger Stimme. „Ich bin inspiriert von Göttlichkeit und reiner Liebe. Mein Herz gleicht einem Gefäß Gottes, das nur eins möchte, nämlich überfließen vor Freude und Beglückung".

Viele Monate später spricht Erzengel Haniel zu dem Mann: „Ich bin gekommen, um dich über die Schwelle zu einem neuen Bewusstsein zu erheben. Bist du bereit?" Der Mann zögert keinen Moment und gemeinsam gehen sie auf eine Bewusstseinsebene, auf der innen und außen eins sind. Vor seinem geistigen Auge entsteht ein Bild von einer Tür.

Erzengel Haniel öffnet die Tür und geleitet den Mann über die Schwelle in einen Raum. Hauchfeines Licht, durchzogen von goldenen Fäden, umgibt ihn in einer Schwingung von Zartheit und Zärtlichkeit, die ihm fast den Atem nimmt. Er nimmt das Licht wahr, das den gesamten Raum ausfüllt und sich immer weiter ausdehnt über den Raum hinweg bis weit in das Universum hinein. Eine Ruhe umgibt ihn an diesem Ort von erhabener Schönheit. Es ist ein Ort stiller Freude, der er sich hingeben will. Irgendwann vernimmt er die leise Stimme von Erzengel Haniel: „Wir müssen nun gehen. Bedanke dich für deine Erfahrungen an diesem Ort." Der Mann bedankt sich ehrfurchtsvoll.

„Es war eine wunderbare Erfahrung, dich in deinem vollen Lichtkleid hier an diesem Ort erlebt zu haben", sagt der Mann später zu Erzengel Haniel, immer noch sehr beeindruckt. „Ich habe mich sehr wohlgefühlt und hätte noch eine endlos lange Zeit in diesem Raum bleiben können".

Erzengel Haniel schaut den Mann liebevoll an und spricht: „Die Lichterfahrung, die du in diesem Raum gemacht hast, war nicht ich, sondern das warst du selbst. Ich habe dich über die Schwelle in deinen inneren Lichttempel in deinem Herzen getragen. Dort hast du dich selbst in deinem eigenen Lichtkleid als ein grenzenloses, wunderbares Wesen in deiner eigenen Göttlichkeit, Schönheit und Vollkommenheit erfahren".

Überwältigt von dieser Erfahrung seiner selbst kommt dem Mann der Rosenengel in den Sinn, der vor einiger Zeit zu ihm sprach: „Schau tief in das Innerste einer Rose und du findest mich. Schau tief in die Rose deines Herzens und du findest dich". Jetzt erst versteht er die Tiefe dieser Botschaft. Und gleichzeitig fühlt er eine goldene Rose in seinem Herzen erblühen, aus der seine Liebe strömt, und er dehnt diese Liebe aus bis weit in das Universum hinein.

„Du hast dich nun in deiner Größe, in deinem Licht und in deiner Liebe in deinem inneren heiligen Raum erfahren. Es ist der Ort deiner dir innewohnenden Göttlichkeit", spricht Erzengel Haniel weiter. „Bewahre dieses Bild von dir selbst in deinem Bewusstsein und in deinem Herzen. Glaube an dich und erkenne deinen inneren Reichtum an. Es ist der Reichtum deines Herzens. Lass ihn fließen und andere Menschen daran teilhaben. Dies wird dich in deinem Leben erfüllen."

Und der Mann antwortet: „Ich bin erfüllt vom Reichtum meines Herzens und möchte nur eins, mein Licht und meine Liebe fließen lassen", spricht der Mann dankbar.

„So sei es", spricht Erzengel Haniel und entschwindet im goldenen Licht.

„Erfüllt sein vom Reichtum des Herzens".

Erzengel Haniel

Erfüllt sein.

Erfüllt sein vom Reichtum des Herzens.

Die Worte des Engels haben den Mann tief in seinem Herzen und in seiner Seele berührt. Oft begibt er sich in die Natur, und jedes noch so kleine Veilchen, zart und zerbrechlich in seiner Erscheinung, erinnert ihn an eine lichte Welt, die Teil seines Lebens geworden ist und die er so sehr liebt.

Und wieder empfängt er die Botschaft eines Blumenengels: „Wir Veilchenengel berühren das innere Herz und wecken in euch Menschen die Erinnerung, dass auch ihr hauchzarte Lichtwesen seid. Wenn ihr euch mit uns Blumenengeln verbindet, könnt ihr eure eigene innere Zartheit entdecken, pflegen und stärken. Du darfst dir ruhig zugestehen, dass auch du ein zartes, liebevolles und reines Wesen bist. Auch wenn dein Alltag dich fordert und du manchmal denkst, dass dir in dieser groben Welt deine innere Zartheit verloren geht, verbinde dich mit uns Veilchenengeln. Wir wecken in dir wieder die Erinnerung an das Lichtwesen, das du bist."

Und der Blumenengel fährt fort: „Wir sind einerseits zart und liebevoll in unserem Wesen. Gleichzeitig sind wir jedoch stark und kraftvoll zugleich und durchbrechen die Dunkelheit des Winters, um die hellen und warmen Sonnenstrahlen des Frühlings zu begrüßen. Wir sind die Boten, die den Durchbruch in eine neue Jahreszeit verkünden. Für dich bedeutet diese Botschaft, den Durchbruch oder Neuanfang in eine neue Zeit deines Bewusstseins zu erfahren".

„So sei es", spricht der Veilchenengel und entschwindet im himmlischen Garten.

„Zartheit berührt das innere Herz.
Sie weckt die Erinnerung: „Ich bin ein Lichtwesen".

Veilchenengel

Zartheit sein.

Zartheit berührt das innere Herz.
Sie weckt die Erinnerung:
Ich bin ein Lichtwesen.

Tage später spricht der Engel zu dem Mann: „Du hast erfahren, dass zu lieben der Sinn deines Lebens ist, und du hast dich selbst in deinem eigenen Licht erkannt. Und bist du nun glücklich?"„Ja", spricht der Mann. „Ich bin wahrhaft glücklich. Ich fühle mich großartig und Freude erfüllt mein Herz. Mein Herz ist weit geöffnet und fließt über vor Liebe und Dankbarkeit. Ich habe den Ort des Glücklich seins in mir selbst gefunden!", und er erinnert sich an die Worte des Engels der Freude. „Den Himmel, den du suchst, findest du nur in dir selbst. Er ist ein Ort göttlicher Freude". Und der Mann erinnert sich: „Die Worte der vielen Engel, deren Sinn damals oft noch ein Rätsel für mich war, verstehe ich nun. Ich habe damals versucht, sie mit meinem Verstand zu deuten. Heute weiß ich, erst durch mein Erleben sind sie zu meinem Wissen geworden. Und jetzt verstehe ich auch die Worte von Erzengel Vretil: Wissen ist in dir. Gelebtes Wissen ist Ausdruck deiner Liebe.

„Und was willst du nun?", fragt der Engel den Mann, der nicht lange überlegt. „Ich will dienen", sagt der Mann aus einem tiefen Selbstverständnis heraus. Er schließt die Augen und fällt in einen Zustand tiefer Ruhe und Stille. Vor seinem geistigen Auge sieht er sich vor einer Sonne stehen. Mit einem fröhlichen Gemüt wandert er den Weg in das hellgleißende Licht der Sonne hinein. Goldgelbes, hell strahlendes Licht der Sonnenengel begleitet ihn auf seinem Weg. Sie glühen vor Liebe und Göttlichkeit, Freude, Glanz und Herrlichkeit. Sie stehen bereit, jedem Suchenden den Weg in das Licht zu zeigen. Der Mann steht im Glanz der Sonne und weiß, dass diese Sonne auch in ihm leuchtet. „Ich weiß jetzt, dass ich Teil dieser Sonne und dieses Glanzes bin, denn ich bin im Licht, ich bin das Licht". Er sieht sich selbst, wie er glücklich und zufrieden sein Leben aus seinem Herzen heraus lebt, wie er sein Licht über die Strahlen seiner inneren Sonne nach außen fließen lässt.

Sonnenengel

Licht und Liebe strahlen lassen.

Du bist im Licht. Du bist das Licht.

„Ich will Gott danken und ihn preisen für das Geschenk, mich erkannt zu haben", spricht der Mann glücklich und Demut schwingt in seiner Stimme.

Vor seinem geistigen Auge sieht er sich, wie er den Menschen von den Engeln berichtet. Er sieht, wie die Engel darauf warten, den Suchenden den Weg in das Licht zu zeigen.

„So sei es", spricht der Sonnenengel und entschwindet im Glanz der Sonne am Himmel, die niemals vergeht.

„Du bist im Licht. Du bist das Licht".

Es ist eine Zeit, in der sich alle seine Entwicklungsschritte zu einem wunderbaren Bild zusammenfügen. Wie von selbst scheint sich nun der Kreis zu schließen. Sein Leben, das er einst als ein großes Rätsel und Mysterium empfunden hat, liegt vor ihm wie ein offenes Buch, in dem er lesen kann.

Es ist die Gnade Gottes, sich als Lichtwesen zu erkennen, sich an sein göttliches Potenzial und an sein Versprechen als Mensch zu erinnern, und ihm kommen die Worte in den Sinn: „Geben und Nehmen".

Geben und Nehmen

„Das, was ich aus Gnade empfangen und erkannt habe, will ich von Herzen gerne weitergeben. Ich will den Menschen von den Engeln und meinen Erfahrungen mit ihnen berichten und denen, die das Licht und die Geborgenheit des Lichts suchen, den Weg aufzeigen. Ich will ihnen von den Engeln erzählen, die nur darauf warten, dass die Menschen bereit sind: „Ja" zu sagen. „Ja" zu sagen zu sich selbst, zur geistigen Welt und zu ihrem eigenen Lichtweg".

Vor seinem geistigen Auge formen sich seine inneren Bilder zu Worten, die wiederum ganz einfach aus seiner Hand auf ein Blatt Papier fließen. Es sind wunderbare Worte, die aus seinem Herzen fließen und den Klang des Himmels in sich tragen.

Nie hätte er sich vorstellen können, Worte zu finden, die ausdrücken, was er wirklich fühlt. Liebevoll faltet er das Blatt und schiebt es in einen Umschlag mit dem Namen: „Versprechen". Er legt den Umschlag an einen Ort, den nur er kennt und zu dem niemand außer ihm Zugang hat.

Erneut fällt er in einen tiefen Schlaf. Als er wieder erwacht ist, weiß er nicht, wie lange er geschlafen hat. Es hätte ein kurzer Moment gewesen sein können und genauso gut eine lange Zeit. Der Engel spricht liebevoll: „Bist du bereit?", und der Mann nickt mit einem tiefen Einverständnis.

Seine innere Reise beginnt in einem Fluss, der dem ewigen Meer entgegenfließt. Engel des Wassers begleiten, nähren und reinigen ihn. Er spürt die Liebe und die Geborgenheit dieser Engel. Das Wasser des Flusses fühlt sich sanft, ausgleichend und liebevoll an, und er gibt sich vertrauensvoll seinen Gefühlen hin. Er spürt die Heiligkeit des Wassers als Quelle des Lebens, genährt vom göttlichen Bewusstsein der Engel des Wassers.

In diesem Fluss kann er alles loslassen und fließen lassen und sich seinen Gefühlen hingeben. Zu guter Letzt befreit er sich von allem, was ihn noch an irgendwelche Ereignisse, Situationen und Menschen bindet, um selbst zum Wasser des Lebens zu werden, als einem Tropfen, der dem ewigen Meer entgegenfließt.

Loslassen befreit die Seele.

„So sei es", spricht der Engel des Wassers.

„Hingabe an die eigene Bestimmung heißt, im Fluss des Lebens zu sein".

Der Mann taucht im Wasser unter und erkennt noch andere Mitreisende. Er hofft im Stillen, dass diese Reise noch lange dauert. Er fühlt sich geliebt, genährt, gereinigt, aufgeladen und erneuert, um seine Reise fortzusetzen. Das Wasser ist für ihn wie ein Jungbrunnen, in dem er Kraft und Energie für die kommende Zeit schöpfen kann.

Der Fluss endet im Meer der Glückseligkeit, wo nichts anderes ist als Sein. Und wieder kommt ihm sein Atem, sein stiller Begleiter, in den Sinn, wie er es schon so oft erlebt hat. Er konzentriert sich auf seinen Atem. Er atmet ein und er atmet aus, ein und aus und ein und aus. Auf einmal gelangt er darüber in einen Rhythmus gleich Wellen, die beständig kommen und gehen, unaufhörlich und ewig.

Der Mann fühlt sich im Gleichklang mit der gesamten Schöpfung. Der Mann horcht nach innen und leise, fast unmerklich, wie in einem heiligen Moment, vernimmt er eine Stimme in seinem Ohr, die mit jedem ausatmen das OM, den Urton Gottes, erklingen lässt. Und das OM erfüllt sein gesamtes Sein. OM.

OM

Er ist eins geworden mit der Atmung Gottes. OM. Er atmet zusammen mit Gott und zusammen atmen sie das OM in völligem Gleichklang. OM. Ihr gemeinsamer Atem durchströmt seine Energiekörper, und er dehnt sich weit bis in das Universum hinaus aus und berührt alle Wesen in allen Welten. OM. Der Mann kann weder denken noch fühlen, er ist eins mit dem Atem Gottes, der mit seinem Odem die Quelle allen Lebens ist. OM. Er hat das Geheimnis seines Lebens über seinen Atem erkannt.

Ihm fließen Worte zu, die er niemals zuvor gehört hat: OM NAMAH SHIVAYA, Herr dein Wille geschehe.

OM NAMAH SHIVAYA

„Das, was oben ist, ist auch das, was unten ist. Wie im Himmel so auch auf Erden", spricht Erzengel Metatron. Der Mann erkennt seine ihm innewohnende Göttlichkeit, die Glückseligkeit ist, und er lässt sich in die Arme von Erzengel Metatron fallen.

Erzengel Metatron

Glücklich sein.

Als Gottes Ebenbild
ist Glücklich sein in dir.

„So sei es", spricht Erzengel Metatron und entschwindet im Meer der Glückseligkeit.

„Als Gottes Ebenbild ist Glücklich sein in dir".

„Und was willst du nun?", fragt der Engel den Mann nach einer Weile wieder. „Ich will leben!", ruft der Mann erfüllt von Freude bis weit in das Universum hinein, auf dass es jeder hören möge, so tief ist er berührt.

Irgendwann endet seine innere Reise und der Engel spricht: „Willst du wirklich leben?" Der Mann schaut hinter den Engel und glaubt, ein Lichttor zu erkennen. Ein wunderbares Tor im hellweißen Glanz. „Das ist das letzte Tor", spricht der Engel wieder. „Willst du nun gehen? Noch kannst du umkehren!"

Der Mann schaut auf das Lichttor und weiß, dass es sein größter Wunsch ist, durch das Tor zu gehen in eine wunderbare Zeit. „Ja", spricht der Mann glücklich: „Ich will leben".

Da erscheint Erzengel Gabriel und spricht: „Liebe die Erde und das Menschsein". „Liebe dein Leben. Das Leben ist ein Geschenk Gottes an dich. Die Menschen haben vergessen, dass das Leben ein Geschenk ist. Ich bin der Engel der Verkündung und begleite und unterstütze dich, diese freudige Botschaft auf der Erde zu verkünden".

Erzengel Gabriel

Das Leben lieben.

Liebe die Erde und das Menschsein.

„Ja, ich will mein Leben lieben und deine Botschaft verkünden", spricht der Mann wieder sehr berührt.

„Bist du bereit, dich der letzten Prüfung zu stellen? Sie hilft dir, zu erkennen, ob du wirklich bereit bist", spricht Erzengel Gabriel. „Ja, ich bin bereit", antwortet der Mann freudig.

„So sei es", spricht Erzengel Gabriel und entschwindet im weißen Licht.

„Liebe die Erde und das Menschsein".

Der Mann vernimmt eine leise Stimme in sich, die zu sprechen beginnt. „Ich bin Luzifer, der Lichtbringer. Fürchte dich nicht."

Und Luzifer fährt fort: „Auf der Erde gibt es die Dualität, alles hat zwei Seiten. Hell und Dunkel, Licht und Schatten, Liebe und Hass, Freude und Leid und viele andere gegenteilige Paare. Über deinen freien Willen, den du von deinem Vater geschenkt bekommen hast, kannst du dich entscheiden, welche Seite der Dualität du auf Erden leben möchtest, die lichtvolle Seite oder die Schattenseite. Dieser freie Wille ist eine Gnade. Entscheide dich und mache deine Erfahrungen. Wisse, jede deiner Entscheidungen hat Konsequenzen, wofür du Verantwortung übernehmen musst", und der Engel schaut den Mann liebevoll an.

Und Luzifer spricht weiter: „Entscheide dich möglichst oft und schnell. Umso schneller erkennst du an dem Ergebnis, ob das, was du gewählt hast, auch wirklich das ist, was du leben oder sein möchtest. So kannst du im Anschluss daran eine neue Entscheidung treffen. Auf diese Weise näherst du dich immer mehr dem, was du in Wahrheit wirklich leben willst. Nehme dein Herz als deine Orientierung, denn dein Herz kennt deinen Weg und deine Wahrheit. Besinne dich auf dein Herzenslicht und umhülle alle Situationen mit deinem Licht und deiner Liebe, besonders die Situationen, die dir nicht gefallen oder die dich beängstigen, und erlöse sie in deinem Licht und deiner Liebe."

Und Luzifer schließt mit den Worten: „Vergiss niemals: Du bist das Licht. Und bist du bereit, dich deiner letzten Prüfung zu stellen?" „Ja ich bin bereit", spricht der Mann erwartungsvoll.

Der Mann wartet geduldig auf die Prüfung, die Luzifer ihm angekündigt hat. Langsam verdunkelt sich alles um ihn herum, bis die Dunkelheit ihn vollkommen eingehüllt hat. „Oh Gott, was geschieht mit mir?", denkt der Mann und Unbehagen steigt in ihm hoch.

Er erinnert sich an die Worte von Erzengel Gabriel, der von einer Prüfung gesprochen hat. Er spürt sein tiefes Vertrauen und verbindet sich über seinen Atem mit Gott. Er atmet Selbstvertrauen in sein Herz ein und Gottvertrauen aus und betet: „Om Namah Shivaya", Herr dein Wille geschehe. Im grenzenlosen Vertrauen zu Gott gibt er sich seinem Atem hin. OM.

Der Mann besinnt sich auf die Worte Luzifers und entscheidet sich, anstatt Furcht vor der Dunkelheit zu haben, sein Licht und seine Liebe in die Dunkelheit fließen zu lassen. Die Dunkelheit löst sich vollständig auf und alles um ihn herum erstrahlt in einem noch schöneren Glanz. Ein Glanz von solcher Schönheit, der ihn vollkommen erfüllt. Der Mann spricht: „Danke, ich fühle mich gut vorbereitet, solchen Erfahrungen auf der Erde zu begegnen".

Luzifer spricht: „Licht erkennt sich nicht im Licht. Die Polarität auf der Erde zwischen Hell und Dunkel, Licht und Schatten, bietet dir die Möglichkeit, dich über deine Entscheidungen als Lichtwesen in der Dunkelheit zu erkennen. Dies ist die Gnade des Menschseins".

„So sei es", spricht Luzifer, der Lichtbringer, der schönste Engel, den Gott je erschaffen hat und entschwindet im Raum von Licht und Schatten.

„Das Licht in der Dunkelheit sein".

Der Mann schreitet wie auf Engelsflügeln getragen und erfüllt vom Glanz des Himmels dem Lichttor entgegen. Sein Schutzengel und Erzengel Gabriel begleiten ihn, und weichen nicht von seiner Seite. „Bevor du nun gehst will ich dir ein Gottesgeschenk machen, das dir als Erinnerung an deine Lichtheimat dient", spricht Erzengel Gabriel und überreicht ihm einen Edelstein. Es ist ein Smaragd von solcher Schönheit, Reinheit und Vollkommenheit und strahlend in seinem grünen Licht, wie der Mann noch nie zuvor einen Edelstein gesehen hat.

Und Erzengel Gabriel erklärt dem Mann: „Dieser Edelstein bewahrt für dich die Erfahrung deiner Göttlichkeit und deines vollkommenen Heil Seins als deine dir innewohnende Wahrheit auf. Er sendet dir zarte Lichtimpulse, die dich an deine Lichtheimat erinnern, ein Reich von solcher Schönheit und Harmonie. Er dient dir als Erinnerung und weckt die Sehnsucht in dir, dich wieder auf deinen Herzensweg zu begeben". Der Mann nimmt den Smaragd dankbar an und trägt ihn in seinem Herzen.

„Von nun an fließen Schönheit, Harmonie und vollkommenes Heil Sein aus deinem Herzen. Hinter jedem flutenden Lichtstrahl aus deinem Herzen, stehe ich. So können sich auch andere Menschen wieder an die Herrlichkeit Gottes erinnern und sich auch auf ihren Lichtweg begeben", spricht der Smaragdeva.

„Wie im Himmel so auf Erden. Ewiges Heil sein, Schön-
heit und Harmonie".

„So sei es", spricht der Smaragddeva. über sein Herz.

Smaragddeva

Heil sein.

Wie im Himmel so auf Erden.
Ewiges Heil sein, Schönheit und Harmonie.

Erzengel Gabriel geleitet ihn, anmutig in seiner Erscheinung und umhüllt den Mann in ein weißes Licht, das
ihn schützt und liebt, so dass ihm nichts geschehen kann.

„Ich will dir auch etwas geben", spricht der Mann leise. „Bewahrst du dieses Buch bitte für mich auf? Es enthält meine Gedanken und Erfahrungen, die ich durch das Erscheinen der vielen Engel in meinem Leben gemacht habe", spricht der Mann und schaut ein letztes Mal in das Buch und liest:

Auf dem Weg zum Glücklich sein -
Lasse die Engel und die Liebe deine Lehrmeister sein.

Die 21 Engel, die 21 Wege begleiten, sind:

Erzengel Michael: „Glauben".

Ich finde heraus was ich leben oder sein will und erschaffe in meinem Inneren ein Bild davon, das mir Orientierung gibt. Ich glaube fest daran, dass mein Bild davon, was ich von Herzen gerne leben oder sein möchte, Wirklichkeit wird. *„Meine Macht ist mein Glaube. Ich glaube an die Macht der Liebe".*

Erzengel Ariel: „Mutig sein".

Ich stelle mich meinem Leben und den notwendigen Veränderungen und erlebe, dass ich mit Unterstützung der Engel nicht scheitern werde. Ich habe den Mut, auf mein Herz zu hören und mein inneres Feuer zu befreien. Ich stelle mich den Situationen, von denen ich weiß, dass ich sie klären muss und betrachte Herausforderungen als Aufgabe. *„Aus Mut werden Löwenkräfte und aus Entschlossenheit wird Liebe".*

Engel der Freude: „In Freude sein".

Ich habe erkannt, dass der Himmel in mir ist. Er ist ein Ort göttlicher Freude. Daher ist Freude eine göttliche Eigenschaft, die somit auch in mir ist. Ich lebe mein Leben in Freude und spielerischer Leichtigkeit. *„Von Gott sein heißt in Freude sein".*

Erzengel Vretil: „Wissend sein".

Ich habe erkannt, dass ich Wissen in mir trage. Ich bin die Summe aller meiner Erfahrungen, aus denen mein inneres Wissen besteht. Mein Wissen ist mein geistiges Potenzial, dass niemals verloren geht. Dies Wissen wieder zu entdecken und in meinem Leben zum Ausdruck zu bringen, ist mein Herzenswunsch. *„Gelebtes Wissen ist Ausdruck meiner Liebe".*

Erzengel Chamuel: „Selbstliebe".

Ich habe gelernt, mich selbst mit allen meinen Fehlern, Schwächen und Unzulänglichkeiten von ganzem Herzen anzunehmen. Ich weiß, dass ich einzigartig bin, so wie ich bin. Es liegt in meiner Verantwortung, mich um die Erfüllung meiner Herzenswünsche zu kümmern, so lange ich lebe. *„Über meine Selbstannahme gelange ich zur Eigenliebe und über meine Eigenliebe gelange ich schließlich zur allumfassenden Liebe".*

Engel der Reinheit: „Reinheit sein".

Um auf meinem Lichtweg voranzuschreiten, muss ich meine Gefühle und meine Gedanken klären und reinigen. Auch benötigen mein Körper und meine Energiekörper Reinigung. Mein Körper ist der Tempel meiner Seele. Reinheit sein ist die Voraussetzung, um den heiligen Raum in meinem inneren Lichttempel zu betreten. *„Bewahre Reinheit im Herzen".*

Erzengel Raphael: „Liebe heilt".

Ich habe Heilung erfahren und darüber meine Wahrheit erkannt. Nun weiß ich, dass ich ein Lichtwesen bin und ein Kind Gottes. Ich habe mich erinnert, dass meine geistige Heimat mein göttlicher Ursprung ist, und dass ich niemals davon getrennt bin, bis in alle Ewigkeit. Die größte Heilkraft ist die Liebe. Sie heilt, was getrennt war und verbindet, was zusammengehört. *„Liebe ist die größte Heilkraft im Universum".*

Erzengel Sandalphon: „Vereinigung der Gegensätze".

Ich habe erkannt, dass ich Gegensätze in mir habe, nämlich männliche und weibliche Anteile, die sich oftmals widersprechen. Dies ist das Spiel der Polarität und ist der Ausdruck des Menschseins hier auf Erden. Über die Vereinigung der Gegensätze in meinem Herzen gelange ich in Einklang mit mir selbst und fühle mich in meiner Mitte. Diese Mitte ist reine Liebe. Sie ist es, die alles verbindet. Das Prinzip von männlich und weiblich offenbart sich auf allen Schöpfungsebenen, auch in Projekten, es ist in allem wirksam. *„Die Liebe ist es, die alles verbindet".*

Erzengel Uriel: „Dienen".

Ich nutze das Feuer Gottes, dass mir Kraft, Umsetzungsenergie und göttliche Impulse sendet, um meine Projekte und Vorhaben voranzubringen und zu vollenden. Es unterstützt mich, mich auf mein Ziel auszurichten. Die Umsetzung meiner Projekte und Vorhaben erfüllt mich, da ich meiner Liebe und Freude darüber Ausdruck verleihen kann. Durch die Anbindung an das Licht und durch die Umsetzung meiner Projekte bringe ich das Licht auf die Erde und diene auf diese Weise der Schöpfung. *„Das Licht auf die Erde bringen ist Gottesdienst".*

Engel der Bäume: „Himmel und Erde vereinen".

Kopf im Himmel, Füße auf der Erde. Ich habe viel von den Bäumen gelernt. Ich verwurzele mich wie die Bäume tief in der Erde und wachse langsam und beständig, damit ich wie die Bäume einen festen Stand habe. Über meinen Kopf oder meine Krone nehme ich kosmische Energie auf. Auf diese Weise verbinde ich Himmel und Erde, kosmische und irdische Energie. *„Kopf im Himmel, Füße auf der Erde. Im Herzen sind Himmel und Erde vereint".*

Erzengel Zadkiel: „Vergebung".

Vergebung ist eine wichtige Lektion. Ich vergebe mir und allen anderen Menschen, um mich von allem Ballast der

Vergangenheit zu befreien, der sonst meine Weiterentwicklung behindern würde. *„Transformation durch göttliche Gnade. Ich bitte um die Gnade der Vergebung".*

Erzengel Zaphkiel: „Wandlung".

Ich habe gelernt, alles anzunehmen und zu lieben, so wie es ist. Auch gerade solche Situationen, die mir nicht gefallen. Ich nehme sie in Liebe an. Denn sie sind wertvolle Entwicklungschancen in meinem Leben, die ich vielleicht erst viel später verstehen werde. Ich tue alles in Liebe. Es kommt nicht darauf an, was ich mache, sondern darauf, wie ich es mache. *„Alles annehmen wie es ist und es lieben wie es ist".*

Rosenengel: „Liebend sein".

Es gibt keinen Grund, nicht der zu sein, der ich in Wahrheit bin. Ich lasse mich nicht von äußeren oder widrigen Umständen, Erwartungen oder falschen Vorstellungen ablenken, sondern folge meiner eigenen Bestimmung, nämlich Liebe zu sein und Liebe zu verströmen. Auf diesem Weg habe ich erkannt: *„Zu lieben ist der Sinn meines Lebens".*

Erzengel Haniel: „Erfüllt sein".

Ich bin ein wunderbares Lichtwesen und habe mich in meiner Größe, in der Schönheit meines Lichts und in meiner Vollkommenheit erkannt. Ich bewahre dieses Bild von mir selbst in meinem Bewusstsein und in meinem Herzen. Ich nehme und erkenne meinen inneren Reichtum an und lebe ihn. Ich bin erfüllt vom Reichtum meines Herzens und möchte andere Menschen an meinem inneren Reichtum teilhaben lassen. *„Erfüllt sein vom Reichtum des Herzens"*.

Veilchenengel: „Zartheit sein".

Jedes Veilchen erinnert mich daran, dass auch ich ein hauchzartes Lichtwesen bin. Wenn ich mich über mein Herz mit den Veilchen verbinde, kann ich meine eigene innere Zartheit spüren, pflegen und stärken. *„Zartheit berührt das innere Herz. Sie weckt die Erinnerung: „Ich bin ein Lichtwesen"*.

Sonnenengel: „Licht und Liebe fließen lassen".

Ich lebe glücklich und freudvoll mein Leben aus meinem Herzen heraus. Ich lasse mein Licht und meine Liebe über die Strahlen meiner inneren Sonne nach außen fließen, so dass andere Menschen erkennen können, dass diese Sonne auch in ihnen leuchtet. Das, was ich aus Gnade erkannt und geschenkt bekommen habe, will ich von Herzen gerne weitergeben. Ich will den Menschen von den Engeln und meinen Erfahrungen mit ihnen berichten und Suchenden auf ihrem eigenen Lichtweg behilflich sein. *„Ich bin im Licht. Ich bin das Licht"*.

Engel des Wassers: „Hingabe".

Das Wasser ist heilig, es ist die Quelle des Lebens, die vom göttlichen Bewusstsein genährt wird. Im Wasser kann ich loslassen und mich von allem befreien, was mich noch an irgendetwas bindet. Ich gebe mich meiner Bestimmung hin und fließe als ein Tropfen im Wasser dem ewigen Meer entgegen. Ich bin im Fluss meines Lebens. *„Hingabe an die eigene Bestimmung heißt, im Fluss des Lebens zu sein".*

Metatron: „Glücklich sein".
Am Ende meines Entwicklungsweges habe ich die Einheit mit Gott erfahren. Glücklich sein ist der göttliche Ausdruck meines Wesens. *„Als Gottes Ebenbild ist Glücklich sein in mir."*

Erzengel Gabriel: „Das Leben lieben".
Ich liebe mein Leben. Das Leben ist ein Geschenk Gottes an mich. Ich bin auf die Erde gekommen, um mich bestimmten Erfahrungen zu stellen, die meine Seelenentwicklung fördert. Diese Aufgabe habe ich beim Eintritt in mein Erdenleben vergessen. Im Menschsein habe ich die Möglichkeit, mich wieder daran zu erinnern, warum ich gekommen bin und wer ich in Wahrheit bin. Ich bin ein Lichtwesen, inkarniert in einen menschlichen Körper, um an dem gnadenvollen Akt des Lebens auf der Erde teilhaben zu dürfen. *„Liebe die Erde und das Menschsein".*

Luzifer: „Das Licht in der Dunkelheit zu sein".
Auf der Erde gibt es die Dualität, alles hat zwei Seiten. Hell und Dunkel, Licht und Schatten, Liebe und Hass, Freude und Leid. Über meinen freien Willen kann ich mich entscheiden, welche Seite der Dualität ich leben möchte, die

Lichtvolle oder die Schattenseite. Ich entscheide mich möglichst oft und erkenne somit schnell die Konsequenz meiner Entscheidung, ob sie mir gefällt oder nicht. Ich besinne mich auf mein Herzenslicht und erlöse die Situationen, die mir Unbehagen bereiten oder mich beängstigen mit meinem Licht und meiner Liebe. *„Das Licht in der Dunkelheit sein".*

Smaragddeva: „Heil sein".

Ich habe ein Gottesgeschenk erhalten. Einen Smaragd, der mir als Erinnerung an meine Lichtheimat dient. Dieser Edelstein bewahrt die Erfahrung meiner Göttlichkeit und meines vollkommenen Heil Seins als meine innewohnende Wahrheit. Er unterstützt mich darin, Schönheit, Harmonie und vollkommenes Heil Sein über mein Herz zu verströmen, auf dass auch andere sich an die Herrlichkeit Gottes erinnern und sich auf ihren Lichtweg begeben. *„Wie im Himmel so auf Erden. Ewiges Heil Sein, Schönheit und Harmonie".*

„So sei es", spricht der Mann und überreicht Erzengel Gabriel sein Buch. Der Erzengel Gabriel nimmt das Buch entgegen, dessen Inhalt nur diejenigen entschlüsseln können, die die Sprache des Lichts und der Liebe verstehen. Und Erzengel Gabriel spricht: „Ja, ich werde es für dich bewahren, solange bist du bereit bist, dich wieder an dein Wissen zu erinnern".

„Ich danke dir", spricht der Mann leise.

Langsam entgleitet ihm sein Denken. Seine Erinnerungen verblassen und der Mann geht in das Vergessen. Nur Liebe und Freude erfüllen ihn.

Wie von weitem hört er noch die Worte seines Schutzengels: „Liebe die Erde und das Menschsein. Liebe dein Leben. Das Leben hat dir Gott geschenkt. Ich werde kommen und dich erinnern, ich verspreche es dir. Du bist nicht allein. Ich bin da. Du kannst mich rufen. Ich spreche mit dir in der Art, dass du mich verstehen wirst. Ich werde dich erinnern, was du dir vorgenommen hast. Ich bewahre dein Gedächtnis, wie ich es schon seit ewigen Zeiten tue".

Die Worte hallen nur noch von ganz weit her. Es fühlt sich alles wunderbar an und der Mann freut sich auf sein Leben. Sein Denken verliert sich in der Weite des Universums. Er kann nur noch fühlen. Im unendlichen Vertrauen in die Worte des Engels gibt er sich seinem Gefühl der Freude auf sein Leben hin und durchschreitet das Lichttor, ohne sich umzudrehen, denn sein Ziel ist klar.

Viele Monate später wird der Mann geboren und Gott haucht ihm seinen Odem ein. Seine Eltern geben ihm den Namen Joshua David.

... 38 Jahre später.

Schlaftrunken versucht Joshua David einen Blick auf das Ziffernblatt seines Weckers zu erhaschen. Gedanken und Bilder ziehen durch seinen Kopf und er fragt sich kurz, ob er noch träumt. Er blinzelt mit den Augen, doch es ist zu hell, die Augen zu öffnen. Ein Licht, das so voller Glanz und Liebe ist, umhüllt und ummantelt ihn wie ein warmer Sonnenschein an einem wunderschönen Frühlingstag. Er ist nicht mehr in der Lage zu denken. Es ist ein Zustand, den er noch nie erlebt hat. Er fühlt sich wohl und irgendwie ist es ihm auch vertraut. Plötzlich, scheinbar aus dem Nichts kommend, vernimmt er eine Stimme in sich. Ist es eine Stimme, nein es ist keine Stimme. Eigentlich sind es nur Worte, die von selbst in seinem Kopf entstehen und nun mit ihm über seine eigenen Gedanken zu kommunizieren beginnen.

„Lieber Mensch: Ich bin gekommen, um mein Versprechen einzulösen." „Ein Verspechen einlösen?", denkt Joshua David aufgeregt, als er sich bewusst wird, dass er sich im Dialog mit etwas befindet, das physisch gar nicht anwesend zu sein scheint.

Und weiter hört er die Worte: „Ja, ich habe dir vor langer Zeit das Versprechen gegeben, dass ich kommen werde, um dich daran zu erinnern, was du dir für dein Leben wirklich vorgenommen hast. Wenn du bereit bist, mir zuzuhören, dann wird eine neue Zeit für dich beginnen. Eine wunderbare Zeit, die schon lange auf dich wartet, und bist du bereit, mir zuzuhören?"

Joshua David kann weder denken noch sprechen und ein Gefühl des Wohlbehagens taucht wieder in ihm auf: „Wer bist du?", antwortet er in Gedanken vorsichtig. „Du weißt wer ich bin, wir kennen uns schon sehr lange", dringen wieder Worte, in der Sprache des Lichts, in sein Bewusstsein.

„Ich bin gekommen, um dich so lange zu führen auf deinem Weg, so lange du dein Bewusstsein für deinen Plan und deine wahre Herkunft verloren hast", hört Joshua David die Stimme weiter sprechen. „Ja? Ich kann mich nicht erinnern", antwortet Joshua David und sein Herz schlägt lautstark in seiner Brust. „Du wirst dich erinnern, wenn du bereit bist, mir zuzuhören", antwortet ihm die Stimme. „Und bist du bereit?" Joshua Davids Gedanken überschlagen sich. „Ja, ich bin bereit", antwortet er und versucht sich gleichzeitig zu beruhigen. „Ich stelle dir eine Frage: So wie du gerade lebst, ist das so, wie du wirklich leben willst? Was willst du leben oder sein?", fährt sein Gesprächspartner in seinem Kopf fort.

Die Worte haben einen besonderen Klang und hallen wie ein Echo in seinem gesamten Körper. „Was willst du leben oder sein?" Joshua David horcht weiter in sich hinein und vernimmt zwei Arten von Gedanken in seinem Kopf. Einerseits hört er seine eigenen Gedanken und andererseits ist da ein Energiefluss, aus dem wie von selbst Worte entstehen. Seine Aufmerksamkeit ist weiterhin geschärft, um nichts zu versäumen oder falsch zu verstehen. Das warme Licht ist weiter in ihm und um ihn herum.

Er versucht nachzudenken: „Was will ich leben oder sein?" „Ich weiß jetzt, was ich leben oder sein will", sprudeln auf einmal Worte, aus seinem Herzen kommend, aus ihm heraus: „Glücklich sein". „Dann sag, was du sein willst", spricht der Engel aufmunternd: „Sag: Ich will glücklich sein."

Joshua David wiederholt berührt, wie in einem feierlichen Moment, die Worte des Engels: „Ich will glücklich sein". Und während er dies ausspricht, wird ihm plötzlich klar, dass er zum ersten Mal in seinem Leben offen ausspricht, was er von Herzen gerne sein möchte.

„So sei es", spricht der Engel und entschwindet in Freude.

Und alle Engel im Himmel stimmen in ihrem Freudenge-
sang mit ein:

Halleluja, Halleluja, Halleluja

„Glücklich, wie im Himmel.

Jetzt und für immer".

Liebe Leser,

der Himmel ist voller wunderbarer Geschichten. Wunderbare Geschichten, wie es wunderbare Menschen gibt. Entdecken Sie Ihre Geschichte, die schon im Himmel geschrieben steht.

Ist es Ihr Herzenswunsch das tiefe Wirken der Engel auch in Ihrem Leben zu erfahren? Sie haben Fragen oder (und) wünschen sich Beratung und Begleitung auf Ihrem Lichtweg?

Dann freue ich mich darauf Sie kennenzulernen.

Herzlichst

Eliana Ziebarth

Mein Kontakt: eliana.ziebarth@gmx.de

oder auf: www.seminartreff.de/berater/ziebarth-eliana

Weiteres Buch der Autorin:

Danke, dass ich atme

(Spirituelle Geschichten für Kinder und Erwachsene)

(ISBN 978-3-940700-73-5)

Literaturempfehlung:

Liebe - Die Bestimmung des Menschen

von Steed Dölger (ISBN 3-93243606-7)

Homepage Empfehlung:

www.steed-doelger.de

Leben im Licht – Homepage für spirituelle Führung

www.lightvision-consulting.com

www.seminartreff.de

Seminarhaus in Troisdorf-Bergheim

Quellennachweis

Engelkarten: Gestaltung aller Engelkarten: Eliana Ziebarth

Zitate von Steed Dölger:

Seite 10 „Was willst du leben oder sein".
Seite 17 „Deine Macht ist dein Glaube. Glaube an die Macht der Liebe".
Seite 34 „In Freude sein heisst von Gott sein".
Seite 38 „Lernen heisst sich zu erinnern".
Seite 48 „Ich bin Liebe, ich bin glücklich, ich bin Licht".
Seite 49 „Jeder Mensch muss seinen Weg gehen und seiner eigenen Wahrheit folgen".
Seite 51 „Liebe ist die größte Heilkraft im Universum".
Seite 53 „Denke weniger und fühle mehr. Das Gefühl ist die Sprache der Seele".
Seite 60 „Die Liebe ist es, die alles verbindet".
Seite 63 „Das Licht auf die Erde bringen ist Gottesdienst".
Seite 66 „Kopf im Himmel, Füße auf der Erde. Im Herzen sind Himmel und Erde vereint".
Seite 74 „Annehmen wie es ist und es lieben wie es ist".
Seite 84 „Ich bin ein Lichtwesen".
Seite 86 „Ich bin im Licht. Ich bin das Licht".
Seite 91 „Als Gottes Ebenbild ist Glücklich sein in dir".
Seite 96 „Das Licht in der Dunkelheit sein".

Zitate von Eliana Ziebarth:

Seite 16 „Glücklich sein ist kein Glücksache, es ist das Ergebnis einer bewussten Entscheidung".
Seite 32 „Aus Mut werden Löwenkräfte. Aus Entschlossenheit wird Liebe".

Weitere Zitate:

Fotos auf www.pixabay.com

1. Erzengel Michael - Fotograf: Barbara Alane
2. Erzengel Ariel - Fotograf: Sean Duffy
3. Erzengel Vretil - Fotograf: Ralf Kunze - realworkhard
4. Engel der Freude - Fotograf: Public Domain Pictures
5. Erzengel Chamuel - Fotograf: Art Tower
6. Engel der Reinheit - Fotograf: Barbara Alane
7. Erzengel Raphael - Fotograf: Geralt
8. Erzengel Sandalphon - Fotograf: Barbara Alane
9. Erzengel Uriel - Fotograf: Dreamy Art
10. Engel der Bäume - Fotograf: SK
11. Erzengel Zadkiel - Fotograf: Barbara Alane
12. Erzengel Zaphkiel - Fotograf: ibot
13. Rosenengel - Fotograf: Dagmar Räder
14. Erzengel Haniel - Fotograf: Maklay 62
15. Veilchenengel - Fotograf: Barbara Alane
16. Sonnenengel - Fotograf: Pink Panthress
17. Engel des Wassers - Fotograf: ID 3093594
18. Erzengel Metatron - Fotograf: Geralt
19. Erzengel Gabriel - Fotograf: Barbara Alane
20. Luzifer - Fotograf: Barbara Alane
21. Smaragddeva - Fotograf: Gerd Altmann
22. Kerze – Fotograf: OpenClipart-Vectors
23. Feuer – Fotograf: Clker-Free-Vector-Images
24. Yin & Yang – Fotograf: OpenClipart-Vectors
25. Wasser – Fotograf: David Zydd
26. OM-Zeichen – Fotograf: CDJ Gordon Johnson
27. Buch – Fotograf: OpenClipart-Vectors

Ihre Notizen

Ihre Notizen